小学生のまんが語源《ごげん》辞典

金田一春彦 監修

Gakken

はじめに

「ごぼうぬき」や「ごまをする」「小耳《こみみ》にはさむ」ということばがありますね。

これはどのようにできたことばなのだろう?と思《おも》ったことはありませんか。

慣用句《かんようく》といわれることばですが、たとえば、この「小耳にはさむ」の「小」とはどういう意《い》味《み》なのでしょう。これは、小《ちい》さい耳をさしているのではなく、「ちょっと」ということで、「ちょっと耳にはさむ」という意味です。金田一先生《きんだいちせんせい》は、ことばの話《はなし》のおりに、よくこの例《れい》をあげておられました。

「ごぼうぬき」は、ごぼうを一気《いっき》にぬくように、競走《きょうそう》などで何人《なんにん》もを一気に追《お》いぬくことですし、「ごまをする」はごまをすりばちでつぶすと、すりばちのあちこちにごまがべたべたとくっつくことから、おせじを言《い》ってべたべたとつきまとう様子《ようす》をいうことばです。

この本《ほん》では、そのことばがどのようにしてできたのか、つまり「語源《ごげん》」をしょうかいするだけでなく、どんな使《つか》い方《かた》ができるかといった具体的《ぐたいてき》な用例《ようれい》をあげています。

日《ひ》ごろ、はてな?と思っていたことばを調《しら》べれば、ことばの物知《ものし》り博士《はかせ》になることうけあいです。

金田一春彦事務所　井上明美

＊金田一春彦先生がこの本の刊行の前におなくなりになったため、秘書の井上明美さんにお書きいただきました。

この辞典《じてん》の組《く》み立《た》てとおもなルール

1　この辞典《じてん》におさめてあることば

この辞典《じてん》には、小学校《しょうがっこう》の教科書《きょうかしょ》に出《で》てくることばや、みなさんが新聞《しんぶん》・雑誌《ざっし》などを読《よ》むときに出てくることば、新《あたら》しいことばなどをおさめました。

それらを、「人《ひと》のくらし、行《おこな》いからできたことば」、「文化《ぶんか》と伝統《でんとう》からできたことば」、「外国《がいこく》からやってきたことば」の三《みっ》つに大《おお》きく分類《ぶんるい》し、それぞれのことばの意味《いみ》、語源《ごげん》、使《つか》い方《かた》を、まんがと文章《ぶんしょう》で説明《せつめい》しました。

2　見出《みだ》し語《ご》

見出し語とは、この辞典で項目《こうもく》としてとりあげたことばです。見出し語は━　━であらわし、テーマごとにあいうえお順《じゅん》（五十音順《ごじゅうおんじゅん》）にならべました。

3　書《か》きあらわし方《かた》

漢字《かんじ》は、「常用漢字表《じょうようかんじひょう》」にしたがって示《しめ》しました。送《おく》りがなは、「送り仮名《がな》のつけ方」にしたがって示しました。「常用漢字表」に出ていない漢字は、特別《とくべつ》な場合《ばあい》をのぞき、ひらがなで書いてあります。

4　意味の説明と用例《ようれい》

一《ひと》つのことばで、二《ふた》つ以上《いじょう》の意味を示す場合は、①②③…としました。また、そのことばの意味をよりわかりやすくするために、説明の一部《いちぶ》を（　）に入《い》れて解説《かいせつ》しました。

5　まんがについて

この本《ほん》では、日本語《にほんご》の語源を、まず物語形式《ものがたりけいしき》のまんがで説明しました。いろいろなキャラクターたちが話《はな》すことばのなかで、赤字《あかじ》で示したものが見出し語の語源の説明です。青字《あおじ》で示したことばは、後《あと》のページでくわしく解説しています。

6　コラムとさくいん

コラムには、語源についてのおもしろい話《はなし》を集《あつ》めました。

巻末《かんまつ》に、ひらがな見出しのさくいんがあります。語源を調《しら》べたいことばを引《ひ》くときに利用《りよう》してください。

この辞典《じてん》で使《つか》っているおもな記号《きごう》

【　】　見出《みだ》し語《ご》。
見出し語の下《した》にあるのは、その意味《いみ》。

語源　その見出しの語源《ごげん》。

使い方　その見出し語を使った文《ぶん》や語の例《れい》。

※　そのことばに関係《かんけい》する説明《せつめい》や、役立《やくだ》つ知識《ちしき》など。

参照《さんしょう》→　「参考《さんこう》に○○ページを見《み》ましょう」という意味。

語源って、なに？

日本語《にほんご》の語源《ごげん》

日本語の語源（ことばの由来《ゆらい》）には、どんなものがあるかな？

ボォォン
わ
なに?
ぼくは
スーパー忍者《にんじゃ》の
ムンチャだ!
だれだって?
どこから
来《き》たの?
ぼくは
いろいろな
忍術《にんじゅつ》で
今《いま》と昔《むかし》を
行《い》ったり
来《き》たり
できるんだ!
ところで
源《げん》とやら……
プレゼントを
もらって、
「ありがとう」
と言《い》ったな。
なぜ、そう
言うように
なったのか、
知《し》って
いるか?
エヘン
えーっ
わから
ないよ
では
キャーッ!!

ぱっ
わっ
エヘン
超忍法《ちょうにんぽう》「時空移動《じくういどう》の術《じゅつ》」だ！
ここはどこ？
およそ千年前《せんねんまえ》の日本《にっぽん》
お父様《とうさま》の病《やまい》がいえますように、元気《げんき》になりますように。
ウ…ウー…
お？
病気《びょうき》が治《なお》った！おまえの祈《いの》りが天《てん》に届《とど》いたにちがいない！
有《あ》り難《がた》し！（めったにないことでございます！）
昔《むかし》
そして
めったにない。
時《とき》とともに
おそれおおい。
ありがたい。
変化《へんか》した。
今《いま》

語源《ごげん》のいろいろ

このように、ことばがどのようにしてできたかということを、「語源」とか、「ことばの由来《ゆらい》」というんだ！
語源を知《し》っておくと、そのことばの意味《いみ》を深《ふか》く知り、正《ただ》しく使《つか》うことができるね！
ナルホド…
また、現在《げんざい》、君《きみ》たちが使っていることばのルーツは、次《つぎ》の三《みっ》つに分《わ》かれるんだ。それぞれのことばに、もともとの意味があるんだよ。
和語《わご》
昔《むかし》の日本語《にほんご》。
漢語《かんご》
昔の中国語《ちゅうごくご》から来《き》たことば。
外来語《がいらいご》
外国語《がいこくご》や現代《げんだい》の中国語から来たことば。
へぇー
なるほど語源っておもしろそう！
よしッいっしょに学習《がくしゅう》しよう！
GO

まんが語源辞典《ごげんじてん》

目次《もくじ》

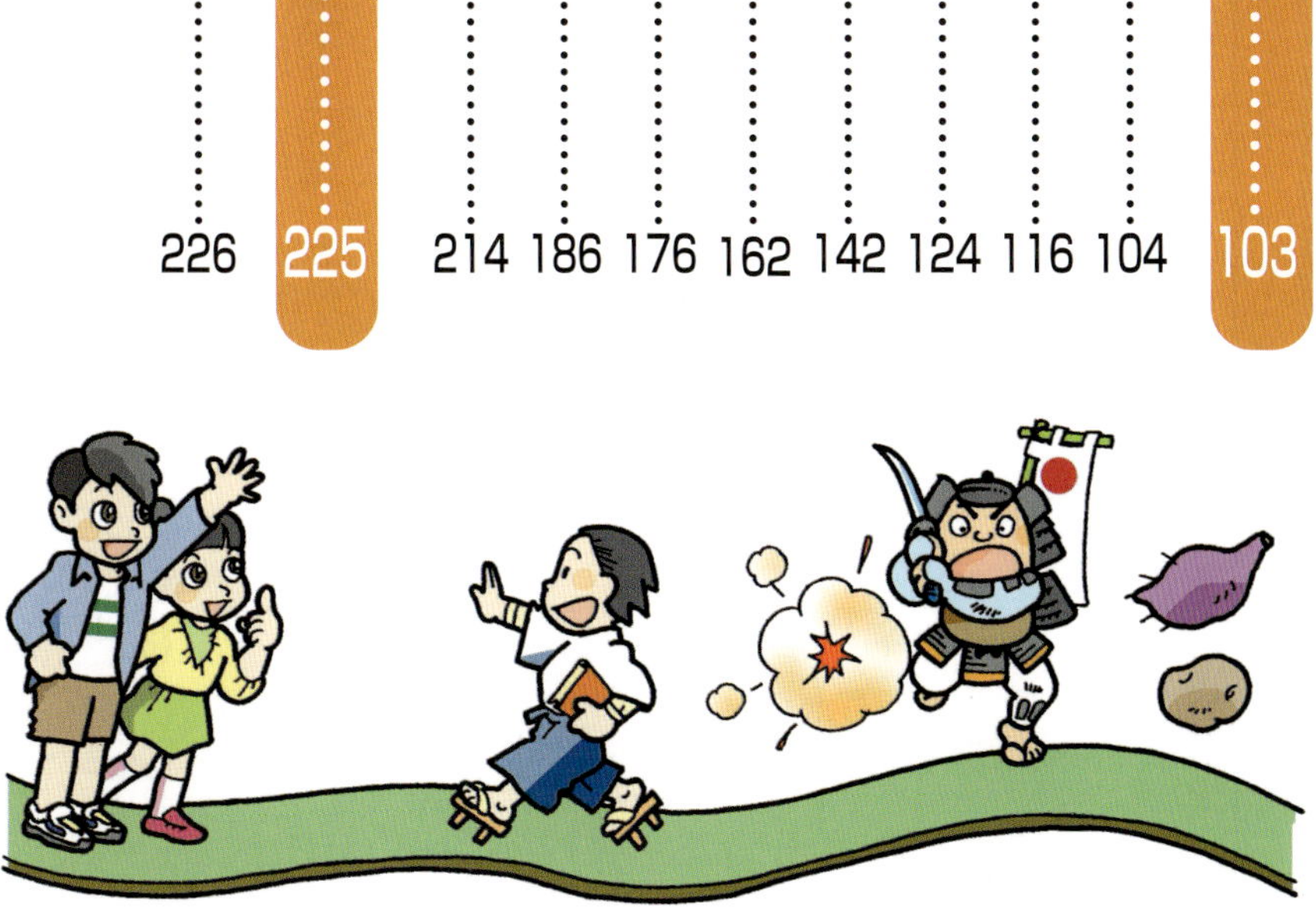

コラムの目次《もくじ》

人《ひと》のくらし、行《おこな》いからできたことば

衣《い》食《しょく》住《じゅう》からできたことば

衣服《いふく》や食事《しょくじ》、住居《じゅうきょ》に由来《ゆらい》することばをしょうかいするよ。

一夜《いちや》づけ

一晩《ひとばん》だけで仕事《しごと》や勉強《べんきょう》の準備《じゅんび》を間《ま》に合《あ》わせにすること。

語源 何日《なんにち》もかけてつけるつけ物《もの》を、一晩でつけることから。

使い方 一夜づけの勉強では入学試験《にゅうがくしけん》はむりだ。

明日《あす》はテストをします。
えーー?!
ぼくならテストくらい朝飯前《あさめしまえ》だよ!
がんばって。
よし、てつ夜《や》でがんばるぞ!

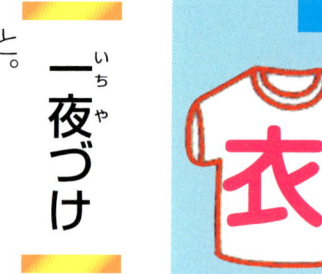

ところが…
チュンチュン
ヤバイ。
はじめ！カンニングはだめだよ。
てつ夜《や》で勉強《べんきょう》したのに。
国語テスト
わ！
一夜《いちや》づけじゃだめだぞー
つけものは、もともと食品《しょくひん》を長《なが》く保存《ほぞん》するためのものだ。
少しの塩《しお》と重《おも》しで一晩《ひとばん》だけつけたものを一夜づけっていう。
一夜づけは翌日《よくじつ》に食《た》べられるけれど長持《ながも》ちはしないね。
毎日《まいにち》がんばって勉強しよう。
一《いっ》か月後《げつご》
一夜づけじゃなくなったね
わーあのときの話《はなし》をむし返《かえ》さないでください！
アハハハ

敷《しき》居《い》が高《たか》い

相手《あいて》とつきあううえで、しなければならないことをしていなかったり、申《もう》しわけないことをしたりしたため、その家《いえ》に行《い》きにくいようす。

語源 「敷居」は、戸《と》やしょうじをのせてあけしめするための、みぞのある横木《よこぎ》のこと。家や部屋《へや》などに入《はい》るときはその敷居をまたぐが、自分《じぶん》に悪《わる》い所《ところ》があると思《おも》うと、高《たか》く感《かん》じられるということから。

使い方 あの家はどうも敷居が高い。

わ、わ、わしが手塩《てしお》にかけて育《そだ》てた盆栽《ぼんさい》が……
ポッキリ
だれだー、
うったヤツここへこーい!
ど、どうしよう。行《い》きたくないなー。
家《いえ》に入《はい》るときは敷居《しきい》をまたぐよね。
はいりにくいな
敷居
自分《じぶん》に悪《わる》いところがあると思《おも》ったり、ひけめがあると敷居が高《たか》く感《かん》じるよね。
でも、ぼくが悪いのだから、えりを正《ただ》してあやまろう!
ドキドキ
すみませんでした!!
正直《しょうじき》な子《こ》じゃ!ゆるしてあげるわい!!
ワハハ
ホッ

一張羅《いっちょうら》

たった一枚《いちまい》しか持《も》っていない晴《は》れ着《ぎ》のこと。また、一枚しか持っていない衣服《いふく》のこともいう。

語源 代《か》わりがない、たった一本《いっぽん》のろうそくを「一丁《いっちょう》ろうそく」といい、それを短《みじか》くいった「一丁ろう」が変化《へんか》したものといわれる。また、一枚（一張《ひとは》り）しかないうすぎぬ（羅）からという説《せつ》もある。

使い方 娘《むすめ》の卒業式《そつぎょうしき》に一張羅を着《き》て行《い》った。

いびつ

形《かたち》がゆがんでいるようす。多《おお》くは丸《まる》いものについて使《つか》う。また、心《こころ》や性格《せいかく》などについてもいう。

語源 たいたご飯《はん》を入《い》れておく、木製《もくせい》の容器《ようき》の「飯《いい》びつ」が短くなってできたことば。飯びつは、だ円形《えんけい》のものが多かったため、円ではなくゆがんだ形のことをいうようになった。

使い方 長《なが》く使った弁当箱《べんとうばこ》が、少《すこ》しいびつになっている。

うだつが上《あ》がらない

思《おも》うように出世《しゅっせ》したり、生活《せいかつ》がよくなったりしないようす。

語源 「うだつ」は、古《ふる》くは「うだち」といい、家《いえ》のはりの上《うえ》に立《た》ててむな木《ぎ》を支《ささ》える短《みじか》い柱《はしら》。屋根《やね》の重《おも》みを受《う》けるうだつが、上からおさえつけられているように見《み》えることから。

使い方 会社勤《かいしゃづと》めの父《ちち》は、いつまでたってもうだつが上がらない。

えりを正《ただ》す

気《き》を引《ひ》きしめ、まじめな態度《たいど》になる。

語源 着物《きもの》のえりを整《ととの》えることから、身《み》なりや姿勢《しせい》をきちんとして、気持《きも》ちを引きしめる意味《いみ》になった。

使い方 えりを正して校長室《こうちょうしつ》に入《はい》った。

おそ分《わ》け

よそからもらったものの一部《いちぶ》を、ほかの人《ひと》に分《わ》けてあげること。

語源 着物《きもの》のすそは、主要《しゅよう》な部分《ぶぶん》ではなく、末端《まったん》であることから、つまらないものという、けんそんの意味《いみ》で使《つか》われるようになったといわれる。

使い方 親《しん》せきから送《おく》ってもらったりんごを、おとなりにおそ分けした。

すそ

几《き》帳面《ちょうめん》

性格《せいかく》や行《おこな》いがきちんとしているようす。

語源 「几帳」は、平安時代《へいあんじだい》に部屋《へや》のしきりに使われた、布製《ぬのせい》のつい立《たて》。その柱《はしら》の角《かど》を丸《まる》くけずり、切《き》れ目《め》を入《い》れて美《うつく》しく仕上《しあ》げたものを「几帳面」という。その作業《さぎょう》には細心《さいしん》の注意《ちゅうい》がいることから、すみずみまで気《き》を配《くば》り、きちんとしたという意味が生《う》まれた。

使い方 弟《おとうと》の几帳面な性格は、父《ちち》に似《に》ている。

すばらしい
できばえだ！

切《き》り盛《も》り

ものごとを上手《じょうず》に処理《しょり》すること。

語源 できあがりを考《かんが》えて、食《た》べ物《もの》をほどよい大《おお》きさに切り、器《うつわ》に盛り分《わ》けることから。

使い方 母《はは》は家計《かけい》の切り盛りが上手だ。

切り

盛り

ごちそう

おいしくて、りっぱな食《た》べ物《もの》。また、食べ物や飲《の》み物で人《ひと》をもてなすこと。

語源 「ちそう（馳走）」は、馬《うま》で走《はし》り回《まわ》ること。お客《きゃく》さんのもてなしの準備《じゅんび》のために、走り回ることから。その苦労《くろう》に対《たい》しての感謝《かんしゃ》のことばが「ごちそうさま」。

使い方 誕生日《たんじょうび》に、母《はは》がごちそうをたくさんつくってくれた。

つじつま

ものごとのすじみち。

語源 「つじ（辻）」は、衣服《いふく》のぬい目《め》とぬい目が十文字《じゅうもんじ》に交差《こうさ》するところ。「つま（褄）」は、着物《きもの》の両《りょう》すそのはしのこと。どちらもきちんと合《あ》っていなければいけないことから、すじみちの意味《いみ》になった。

使い方 それはつじつまの合わない話《はなし》だ。

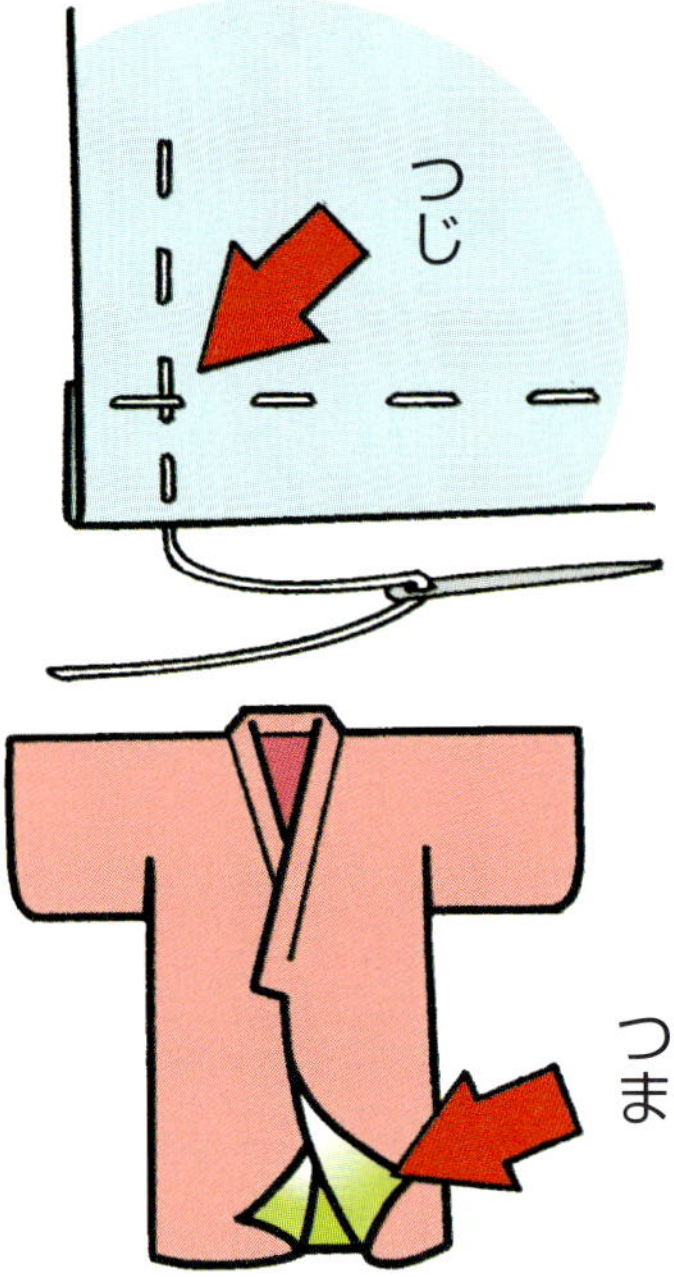

手塩《てしお》にかける

自分《じぶん》で世話《せわ》をして育《そだ》てる。

語源 「手塩」とは、食事《しょくじ》のとき、一人《ひとり》ひとりのおぜんに置《お》いた少量《しょうりょう》の塩のこと。この手塩で、料理《りょうり》の味《あじ》を自分《じぶん》の好《この》みに調整《ちょうせい》をしたことから、自分でめんどうをみる意味になった。

使い方 手塩にかけて育てたむすこの、七五《しちご》三《さん》のお祝《いわ》いだ。

なわ張《ば》り

勢力《せいりょく》のおよぶはん囲《い》。

語源 なわ（縄）をはって地面《じめん》をしきり、おたがいの土地《とち》の境界《きょうかい》を決《き》めたことから。また、家《いえ》などを建《た》てるとき、建物《たてもの》の位置《いち》を決めるため、地面になわをはることもいった。

使い方 お役所《やくしょ》のなわ張り争《あらそ》いは、やめてほしい。

軒《のき》なみ

どれもこれも全部《ぜんぶ》。

語源 多《おお》くの家が、軒をつらねてずらっと並《なら》んでいるようすから。

使い方 大雨《おおあめ》のせいで新幹線《しんかんせん》が始発《しはつ》から軒なみおくれている。

一肌《ひとはだ》脱《ぬ》ぐ

人《ひと》のために本気《ほんき》で力《ちから》をかす。

語源 着物《きもの》で作業《さぎょう》する場合《ばあい》、本気で力を出《だ》すのにそでがじゃまになるので、着物の上半身《じょうはんしん》をぬぐことから。

使い方 こまっているクラスメートのために一肌脱いだ。

力をかそう！

むし返《かえ》す

一度《いちど》きまりがついたことを、再《ふたた》び問題《もんだい》にすること。

語源 料理《りょうり》で、一度むしたものを、さめたのではまずいだろうと、もう一度むすことから。

使い方 仲直《なかなお》りしたのだから、問題をむし返すのはよそう。

もう一度、むしてあげましょう。

コラム

食《た》べ物《もの》のことばの由来《ゆらい》

ヤッホー！
ぼくはスーパー忍者《にんじゃ》のムンチャ！
ここでは、食べ物に関《かん》するクイズを出《だ》すよ！　次《つぎ》のうち、歴史《れきし》が最《もっと》も古《ふる》い食べ物はどれかな？

カレーといっしょに食べる「福神《ふくじん》づけ」

大豆《だいず》を発酵《はっこう》させてつくった「納豆《なっとう》」

おばあちゃんの大好物《だいこうぶつ》！「もなか」

パリパリしておいしい「せんべい」

正解《せいかい》は、納豆！

納豆は、奈良時代《ならじだい》から食べられていたんだ。納豆の語源《ごげん》は、寺《てら》の納所《なっしょ》という場所《ばしょ》でつくられていたからといわれている。

福神づけは、明治《めいじ》時代から食べられていた。七種類《ななしゅるい》の野菜《やさい》でつくられたことから、七福神《しちふくじん》というめでたい七人《にん》の神様《かみさま》になぞらえて名《な》づけられたんだ。

もなかは江戸《えど》時代にできた食べ物で、形《かたち》が十五夜《じゅうごや》の満月《まんげつ》（＝最中《もなか》の月《つき》）に似《に》ていることから、そう呼《よ》ばれるようになった。

せんべいは、平安《へいあん》時代から食べられていた。中国《ちゅうごく》から伝《つた》わり、言《い》い方《かた》も中国語《ご》のままだ。

仕事《しごと》や商売《しょうばい》の中《なか》で使《つか》うことばや、道具からできたことばだよ。

相《あい》づち

相手《あいて》の話《はなし》に調子《ちょうし》を合《あ》わせて、うなずくこと。

語源

刀《かたな》などをきたえるとき、師《し》の打《う》つつちに呼吸《こきゅう》を合わせて、相方《あいかた》である弟子《でし》がつちを打つ。この弟子の打つつちを「相づち」という。

使い方

相づちを打って話に聞《き》き入《い》る。

12月
28
よいしょ
ハイ
スゴーイ
おもちをつくときは、二人《ふたり》の呼吸を合わせるのが大切《たいせつ》なんだよ。
へー!!
おたがいの息《いき》を合わせる仕事といえば……
鍛冶《かじ》
カン

師《し》しょうが打《う》つ合間《あいま》に……
カーン
うまくつちで打とう！
刀《かたな》などをきたえるとき、師と弟子《でし》はおたがいに、つちという工具《こうぐ》で刀を打つんだ。
相《あい》づちの打ち方《かた》によって、刀の出来《でき》が左右《さゆう》されるんだ。
ふーーーん
だから相手《あいて》の話《はなし》に調子《ちょうし》を合わせることを、「相づちを打つ」っていうんだね！
さあ、みんな、おぞうにができたわよ。
わーい
オーッ

うまい！
おいしー！
当《あ》たり前《まえ》でしょ！
料理《りょうり》はさじ加減《かげん》が大切《たいせつ》なの！それと愛情《あいじょう》もね！
愛だ！
ウン
じ〜ん
うれしいなぁ。
おつかれサマ！
キミこそ
パパ、よかったね！
喜《よろこ》びもひとしおだ。
でも本当《ほんとう》は、おなかがすいていただけでしょ？おおげさよね。
しーっ

てこずる

あつかい方《かた》がむずかしくて、こまる。もてあます。

語源

二百三十年《にひゃくさんじゅうねん》ほど前《まえ》の江戸時代《えどじだい》の流行語《りゅうこうご》。重《おも》たい物《もの》はてこを使《つか》っても動《うご》かず、てこがずれてしまうことからという。

使い方

分数《ぶんすう》のわり算《ざん》の問題《もんだい》にてこずった。

……
………
こまったなー
そうだ！かごの棒《ぼう》をてこにして石《いし》を動《うご》かそう！
そいつァいい！
がんばってね
よいしょ よいしょ
ゴリゴリ
重《おも》たい石はてこを使《つか》っても動かず、てこがずれた。
わっ
てこずっているわね。
おじょうさま
わたくしが……
は？
エヤ！
ゴロン
うっそー!!
やった すごい！
ずしん

元《もと》も子《こ》もない

すべてを失《うしな》い、今《いま》までの努《ど》力《りょく》が台《だい》なしになるようす。

語源 「元」は、元金《がんきん》で銀行《ぎんこう》などに預《あず》けるお金《かね》のこと、「子」は、元金につく利子《りし》のこと。元金も利子も両方《りょうほう》とも失うことから、「失敗《しっぱい》して何《なに》もなくなる」という意味《いみ》になった。

使い方 苦労《くろう》して建《た》てた家《いえ》が火事《かじ》で焼《や》けてしまっては、元も子もない。

安全
毎日《まいにち》、身《み》を粉《こ》にして働《はたら》いて、
ごくろうさま、がんばったね。
給料
やっと手《て》にしたこのお金。
ひしっ
欲《ほ》しいものはあるけれど、
まずは貯金《ちょきん》だ!
どこに預けたらいいかな~。
これだ!
高利まわ
悪徳銀行

いらっしゃいませ。
わたしどもの銀行《ぎんこう》は一年間《いちねんかん》で利子《りし》がなんと五〇%もつきます!!
元金《がんきん》
十万円《じゅうまんえん》
一年後《ご》
元金
十万円
＋
利子
五万円
へーッ
ほかの銀行とは
けたがちがうね～。
よし！　預《あず》けるよ。
でしょ！
十年後の
利子は
いくらだろう。
皮算用《かわざんよう》
んふ～♪
ありがとう
ございました～
ところが一《いっ》か月後《げつご》……
六時《ろくじ》のニュースです！
高《たか》い利子で人気《にんき》の
悪徳《あくとく》銀行が……
NEWS 6
悪徳銀行
倒産！
あーー！
たいへんだ～…

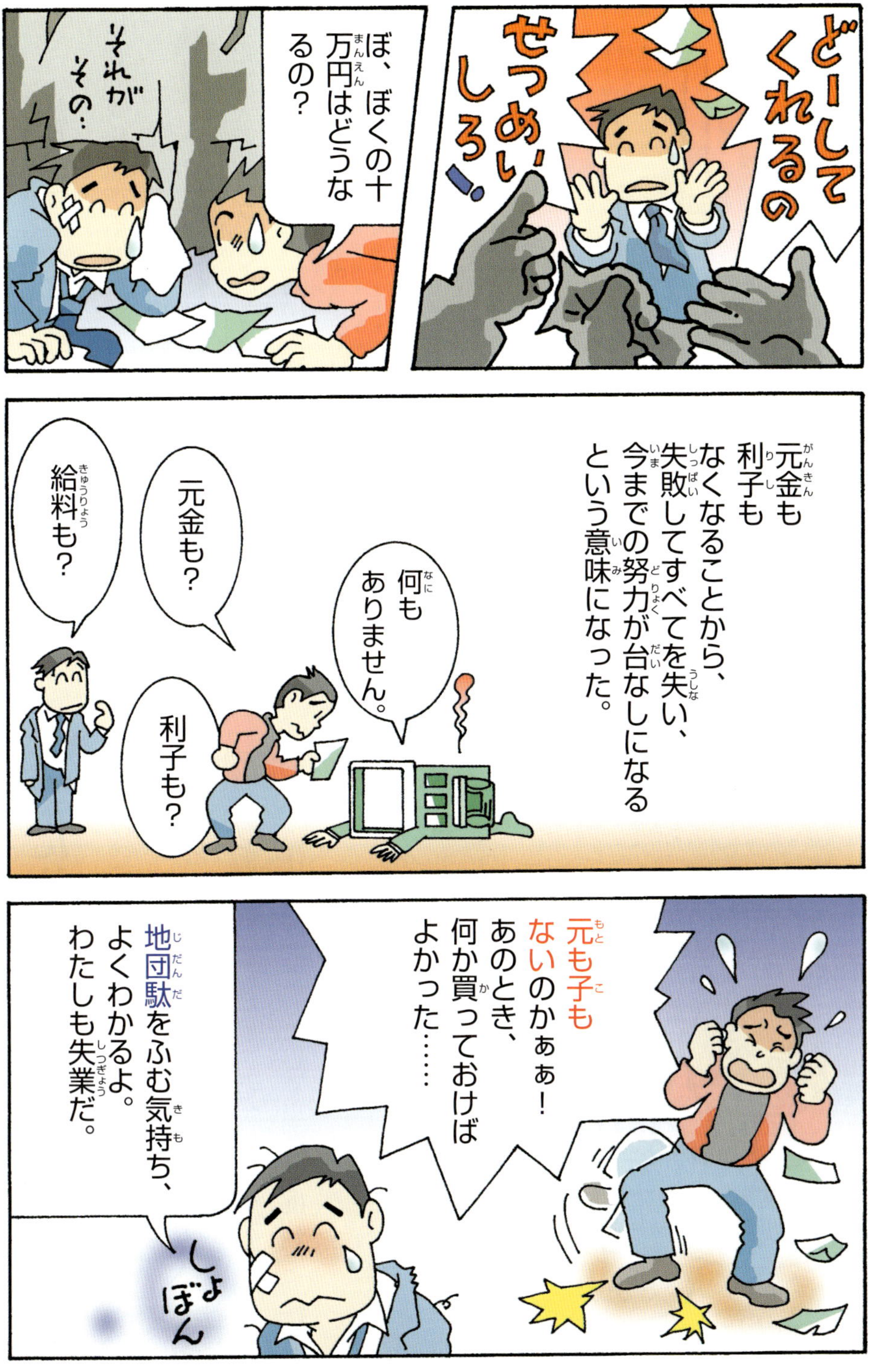
どーしてくれるの
せつめいしろ!

ぼ、ぼくの十万円《まんえん》はどうなるの?

それがその…

元金《がんきん》も利子《りし》もなくなることから、失敗《しっぱい》してすべてを失《うしな》い、今《いま》までの努力《どりょく》が台《だい》なしになるという意味《いみ》になった。

何《なに》もありません。

元金も?

利子も?

給料《きゅうりょう》も?

元《もと》も子《こ》もないのかぁぁ! あのとき、何か買《か》っておけばよかった……

地団駄《じだんだ》をふむ気持《きも》ち、よくわかるよ。わたしも失業《しつぎょう》だ。

しょぼん

相棒《あいぼう》

いっしょに何《なに》かをするときの相手《あいて》。また、いつもいっしょに何かをする相手。

語源 かごをかつぐときは、一本《いっぽん》の棒を前《まえ》と後《うし》ろで二人《ふたり》でかつぐことから、いっしょにかつぐ相手のことを「相棒」といった。

使い方 ぼくにはいつもいっしょに勉強《べんきょう》する相棒がいる。

当《あ》たり前《まえ》

わかりきったこと。当然《とうぜん》。また、とくに変《か》わったところがないこと。

語源 昔《むかし》、共同《きょうどう》で漁《りょう》や収穫《しゅうかく》をした際《さい》の一人《ひとり》当たりの分《わ》け前を「当たり前」といい、それを受《う》け取《と》るのは、作業《さぎょう》した一員《いちいん》として当然の権利《けんり》だったことから。

使い方 あれほど勉強したのだから合格点《ごうかくてん》を取るのは当たり前だ。

うってつけ

人《ひと》やものごとが、条件《じょうけん》や目的《もくてき》などにぴったりあてはまること。

語源 木《き》と木《き》をくぎで打《う》ちつけたように、ぴったり合《あ》うという意味《いみ》から。

使い方 おひめさまの役《やく》は、あなたにうってつけだ。

ぴったりだ！

裏付《うらづ》け

正《ただ》しいことを明《あき》らかにするための、たしかなしょうこ。また、たしかなしょうこによって明らかにすること。

語源 昔《むかし》の商取引《しょうとりひき》からきたことば。室町時代《むろまちじだい》のころ、割符《さいふ》（今《いま》の手形《てがた》）の支《し》はらい人《にん》が、支はらいを保証《ほしょう》するため、裏に期日《きじつ》を書《か》いて判《はん》をおした。これを「裏付け」といった。

使い方 たしかな裏付けのある話《はなし》。

支はらいを保証する。

おおげさ

実際《じっさい》より、大《おお》きなことを言《い》ったりしたりするようす。

語源 平安時代《へいあんじだい》の終《お》わりごろ、禅僧《ぜんそう》たちがひときわ大きな衣《ころも》に大きな袈裟《けさ》をかけて、町《まち》をのし歩《ある》いたことから。また、刀《かたな》で肩《かた》から大きくななめに切《き》ること（袈裟がけ）からとも。

使い方 ひろしくんの話《はなし》はいつもおおげさだ。

おまけ

もののねだんを安《やす》くしたり、景品《けいひん》をつけたりすること。また、その景品。

語源 値段《ねだん》のかけひきに「負《ま》ける」ということから。

使い方 お金《かね》が少《すこ》し足《た》りなかったが、お店《みせ》の人《ひと》がおまけしてくれた。／このお菓子《かし》には、おまけにおもちゃがついている。

皮切《かわき》り

物事《ものごと》のしはじめ。

語源 お灸《きゅう》をすえるとき、一番最初《いちばんさいしょ》にすえるお灸は、まだ肌《はだ》がなれていないので、体《からだ》の皮を切られるように痛《いた》く、「皮切り」といわれたことから。

使い方 アメリカを皮切りに、世界《せかい》を旅《たび》してまわった。

皮算用《かわざんよう》

手《て》に入《い》れる前《まえ》から、もうけがいくらになるかをあてにして期待《きたい》すること。

語源 計算《けいさん》すること。また、「捕《と》らぬたぬきの皮算用」の略《りゃく》。「算用《さんよう》」は、計算すること。つかまえる前から、たぬきの皮がいくらで売《う》れるかを計算するという意味《いみ》から。

使い方 父《ちち》は、来年《らいねん》のボーナスで何《なに》を買《か》おうかと、今《いま》から皮算用をしている。

けたがちがう

価値《かち》や、程度《ていど》がほかと大《おお》きくちがっている。

語源 「けた（桁）」は、そろばんのたまを通《とお》してある棒《ぼう》のことで、位取《くらいど》りの意味《いみ》がある。けたを一本《いっぽん》まちがえると十倍《じゅうばい》もちがってくることから、比《くら》べものにならないくらいちがうという意味の「けたがちがう」ということばが生《う》まれた。

使い方 けたがちがう大金持《おおがねも》ち。

さげすむ

見《み》くだしたり、ばかにしたりする。

語源 柱《はしら》の傾《かたむ》きをみるために、墨縄《すみなわ》（墨汁《ぼくじゅう》をふくんだ糸《いと》）を垂直《すいちょく》に下《さ》げて見定《みさだ》めることを「下墨《さげすみ》」といったことから。それがそのうち、ものごとや人《ひと》をおしはかる、見積《みつ》もる意《い》となり、やがて人を見下《みさ》げる意味に変化《へんか》した。

使い方 さげすんだような目《め》つきをする。

さじ加減《かげん》

料理《りょうり》の味《あじ》つけのぐあい。また、ものごとや他人《たにん》などのあつかいのぐあい。

語源 薬《くすり》をさじですくって調合《ちょうごう》するときの、薬の分量《ぶんりょう》の多《おお》い少《すく》ないをいう。

使い方 料理の味つけは、さじ加減がむずかしい。

さばを読《よ》む

自分《じぶん》の得《とく》になるように、うまく数《かず》をごまかす。

語源 「読む」は、数《かぞ》える。魚《さかな》のさば（鯖）はくさりやすいので、市場《いちば》では急《いそ》いで数えて箱《はこ》に入《い》れていた。あとで数え直《なお》してみると、まちがっていることが多かったことからという。魚市《うおいち》で早口《はやくち》で魚を数えるのをイサバヨミ（魚市読）といい、それが変化《へんか》したものともいわれる。

使い方 自分《じぶん》の年令《ねんれい》を、十才《さい》もさばを読んでいる。

※さばを背《せ》から開《ひら》いて塩《しお》づけにした刺鯖《さしさば》が、二枚重《にまいがさ》ねを一連《いちれん》（一《ひと》つ）として数えたことからという説《せつ》もある。

地団駄《じだんだ》

おこったり、くやしがったりして、足《あし》をふみ鳴《な》らすこと。

語源 鉄《てつ》を作《つく》るときの「じたたら」という足ふみ式《しき》のふいごをふむ姿《すがた》が、くやしくてジタバタする足のようすとそっくりなことから。

使い方 弟《おとうと》は試合《しあい》に負《ま》けて、地団駄をふんだ。

よいしょ！

どんぶり勘定《かんじょう》

収支《しゅうし》など細《こま》かいことを気《き》にしないで、手元《てもと》にあるお金《かね》をおおざっぱに出《だ》し入《い》れすること。

語源 職人《しょくにん》などが身《み》につける作業着《さぎょうぎ》の、腹《はら》がけについたポケットのような道具《どうぐ》入れを「どんぶり（丼）」といい、ここに入れたお金をむぞうさに出し入れして使《つか》ったことから。

使い方 あの魚屋《さかなや》の店主《てんしゅ》は、いつもどんぶり勘定だ。

つりはいらねーよッ！

ひとしお

いちだんと。いっそう。

語源 「しお（入）」は、布《ぬの》などを染《そ》めるとき、染料《せんりょう》にひたす回数《かいすう》をあらわすことば。一回《いっかい》（一入《ひとしお》）染料につけるごとに、布などの色《いろ》が濃《こ》くなっていく。

使い方 今朝《けさ》の寒《さむ》さは、ひとしお身《み》にしみる。

もう一度《いちど》、染めよう。

冷《ひ》やかす

相手《あいて》がはずかしがるようなじょうだんを言《い》う。からかう。また、買《か》う気《き》がないのに、買うようなふりで品定《しなさだ》めをする。

語源 もともとは、物《もの》を冷《ひ》やす意味《いみ》。江戸時代《えどじだい》、紙《かみ》すき職人《しょくにん》が、紙の原料《げんりょう》を水《みず》にひたして冷やしている間《あいだ》に、遊女《ゆうじょ》をからかったりしたことから、「からかう」という意味が生《う》まれたといわれる。

使い方 婚約《こんやく》した先生《せんせい》をみんなで冷やかした。

おねーさん、イキ（粋）だね！
わたしは帰《かえ》るところよ！

風呂敷《ふろしき》

物《もの》を包《つつ》んで、保管《ほかん》したり持《も》ち運《はこ》ぶのに使《つか》ったりする四角《しかく》い布《ぬの》。

語源 もともとは、風呂屋《ふろや》に行《い》くときに持っていった布のこと。ぬいだ衣類《いるい》を包んでおいたり、足《あし》もとにしいて、その上《うえ》で着替《きが》えをしたりすわったりした。

使い方 着物《きもの》を、風呂敷に包んでたんすにしまった。

いい湯《ゆ》だった♪

山《やま》をかける

思《おも》いがけない幸運《こううん》を期待《きたい》して、何《なに》かを行《おこな》う。多《おお》くは、試験前《しけんまえ》に出題《しゅつだい》されそうなところを予想《よそう》する意味《いみ》に使われる。

語源 「山」は金《きん》・銀《ぎん》・銅《どう》などをほりだす鉱山《こうざん》のこと。どの山に鉱物《こうぶつ》がうまっているかわからないので、ありそうな山に見当《けんとう》をつけてほっていたことから。

使い方 テストに出《で》そうなところに山をかけて勉強《べんきょう》したら、大当《おおあ》たりだった。

あれね
山カン じゃないの?

コラム

これって暗号《あんごう》？ 仲間《なかま》だけの秘密《ひみつ》のことば

みんなは、友達《ともだち》と話《はなし》をしているときに、そのグループの中《なか》でしか意味《いみ》がわからないことばを使《つか》っていないかな？ 学校《がっこう》や職場《しょくば》、ある特定《とくてい》の仲間など、その小《ちい》さな社会《しゃかい》の中でしか通用《つうよう》しないことばを隠語《いんご》というんだ。
ここでは、隠語がのちに広《ひろ》く使われることばとして広まった例《れい》を見《み》てみよう！

「やばい」「せこい」「でかい」などは、俗語《ぞくご》ともいうよ。俗語は、世《よ》の中でふつうに使われている、くだけたことば。また、上品《じょうひん》ではないことば。

隠語・俗語の由来《ゆらい》

空《あ》き巣《す》……もとはどろぼうが使っていたことば。だれもいないるすの家《いえ》を、鳥《とり》のいない空《から》っぽの巣にたとえて言《い》っていたんだ。

合《ごう》コン……「合同《ごうどう》コンパ」の略《りゃく》。コンパは、仲間、交際《こうさい》という意味の「コ（カ）ンパニー（company）」から。

せこい……けちくさいことを言うことばで、友達同士《どうし》でふざけて言ったりするよね？ これはもともとは、役者《やくしゃ》や芸人《げいにん》が使っていたことばなんだよ。少《すく》ないこと、悪《わる》いことを指《さ》す「せこ」がもとになっているんだ。

やばい……これもどろぼうなどが使っていたことばで、危険《きけん》なようすをいう「やば」が変化《へんか》したもの。

ワリカン……支払《しはら》ったお金《かね》を人数《にんずう》で割《わ》り算《ざん》して、全員《ぜんいん》が同《おな》じ金額《きんがく》を支払うようにすること。「割り前《まえ》かんじょう」が短《みじか》くなったことばだ。「割り前」はそれぞれへの割り当《あ》て、「かんじょう」は代金《だいきん》を支払うことばだよ。

でたらめ

でまかせでいいかげんなこと。言《い》うことや行動《こうどう》などのすじ道《みち》が通《とお》らないこと。

語源 「出《で》たらその目《め》」で、さいころをふって出た「目」にまかせる、という意味《いみ》から。

使い方 でたらめばかり言う人《ひと》。

フジヤマTV
パパパーン!
お待《ま》たせしました〜!
世界一周
すごろくゲーム
ルールはかんたん!
さいころをふって、出た目の数《かず》の世界《せかい》の都市《とし》へご招待《しょうたい》!
優勝《ゆうしょう》するぞッ!
ぼくがトップバッターだ。六《ろく》が出ますように!
エイ
なにが
でるかな。

遊びやかけごとに由来《ゆらい》することばが大集合《だいしゅうごう》!

3
三《さん》だよ。
どこ？
3
2
1
ヤッター！あこがれのパリ！
A
次《つぎ》はぼくの番《ばん》だ。じつはこのさいころ細工《さいく》をしてあるのだ。へへ……
オッホホ…
金《かね》に糸目《いとめ》をつけないよ。六《ろく》が出《で》るように細工をしてくれ！
壱万円
6
いくぞ！
なにがでるかな
六が出れば、思《おも》うつぼ！（※1）
あ、しまった！
いきおいがよすぎたぁ。
B

（※1）「思うつぼ（壺）」は、期待《きたい》どおりになるという意味《いみ》。つぼは、ばくちでサイコロを入《い》れてふせる用具《ようぐ》。つぼふりは、思いどおりの目を出せることからできたことばで、そこから自分の思いどおりに事《こと》が運《はこ》ぶという意味になった。

（※2）「いんちき」は、ごまかしや手《て》ぬきのこと。不正《ふせい》な手段《しゅだん》による、さぎ的《てき》なとばくを、隠語《いんご》で「いんちき」といったことから。

ウソ
4?!
ひぇ〜
どこですか!
ガオ
いんちき（※2）が裏目《うらめ》に出《で》たぁ。（※3）ワイルドは苦手《にがて》だよ〜。
わたしの番《ばん》よ!
さいころの目《め》に運《うん》をまかせるしかない……。
サイコロの出た「目」にまかせる。よい目が出るか悪《わる》い目が出るかは、わからない。そこから、でたらめということばができたよ。
でたらめ
でた!
6だ!
ヤッター
おめでとう!!

（※3）「裏目に出る」は、期待《きたい》がはずれて、逆《ぎゃく》の悪い結果《けっか》になること。サイコロの裏目（反対側《はんたいがわ》の目）が出ても勝負《しょうぶ》には勝《か》てないことから。

世界一周の旅
六《ろく》を出《だ》したあなたには、世界一周《せかいいっしゅう》の旅《たび》とごうか景品《けいひん》をプレゼント！
うれしーー！
景品は何《なに》かな？アレもコレも欲《ほ》しいなぁ。
ワクワク
ダーツが当《あ》たった数字《すうじ》の品《しな》があなたのものです。
ダーッ…
グルグル
1
2
3
あんみん
ホームシアター
4
5
6
どうぞ！
ピンからキリまであるわねー。

いたちごっこ

同《おな》じことのくり返《かえ》しで、いつまでたっても先《さき》に進《すす》まないこと。

語源 「いたちごっこ、ねずみごっこ」と言《い》いながら、相手《あいて》の手《て》の甲《こう》をつねっては自分《じぶん》の手を上《うえ》に重《かさ》ねる、ということをくり返す子《こ》どもの遊《あそ》びから。いつまでも終《お》わりがないことから、進展《しんてん》がないという意味《いみ》になった。

使い方 スピードいはんをする人《ひと》と、警察《けいさつ》の取《と》りしまりとのいたちごっこが続《つづ》く。

いたちごっこ、ねずみごっこ♪

糸目《いとめ》をつけない

制限《せいげん》をつけない。お金《かね》を、おしげもなく使《つか》う。

語源 「糸目」は、たこあげのたこのつり合《あ》いをとるために、表面《おもてめん》につけた糸。糸目をつけないと上《あ》がり具合《ぐあい》を調節《ちょうせつ》できず、うまくあやつれないことから、おさえることをしない、制限しないという意味が生《う》まれた。「金に糸目をつけない」ともいう。

使い方 父《ちち》はしゅみのためのお金には糸目をつけない。

糸目

おもちゃ

子《こ》どもの遊《あそ》び道具《どうぐ》。「おもちゃにする」は、もてあそぶという意味《いみ》。

語源 手《て》に持《も》って遊ぶ意味の「もちあそび」が、江戸時代《えどじだい》に「もちゃそび」と言《い》われ、そのうち語尾《ごび》の「そび」が省略《しょうりゃく》されて、頭《あたま》に「お」をつけ、「おもちゃ」といわれるようになった。

使い方 おもちゃ屋《や》さんには、いつまでいてもあきない。

手玉《てだま》に取《と》る

自分《じぶん》の思《おも》うがままに相手《あいて》を動《うご》かす。

語源 「手玉」はお手玉のこと。玉《たま》を何回《なんかい》も次《つぎ》つぎと上《うえ》に投《な》げたり、手で受《う》け止《と》めたりして、自分の思うとおりにあやつることから。

使い方 うちの犬《いぬ》は気《き》が弱《よわ》くて、ねこに手玉に取られている。

ぴか一《いち》

たくさんある中《なか》で、一《ひと》つだけすぐれていること。また、一人《ひとり》だけすぐれている人《ひと》。

語源 花札《はなふだ》というカードゲームで、得点《とくてん》の一番高《いちばんたか》いカードを「光物《ひかりもの》」といい、その「光物」を「ぴか」と呼《よ》ぶ。一枚《いちまい》だけ光物で、ほかは全部《ぜんぶ》得点なしの「かす札」であがる手《て》を「ぴか一」といったことから。

使い方 彼《かれ》のシュートは、チームのぴか一だ。

これしかない!

ピンからキリまで

最初《さいしょ》から最後《さいご》まで。また、最高《さいこう》なものから最低《さいてい》なものまで。

語源 「ピン」は、ポルトガル語《ご》のピンタ（点《てん》）からで、かるたやさいころの目《め》の「一」のこと。「キリ」は、終《お》わりを意味《いみ》する「切《き》り」（限《きり》）で、はじめからおしまいまでの意味となり、そこから最高から最低までの意味が生《う》まれた。なお、「キリ」はポルトガル語のクルス（十字架《じゅうじか》）がなまったもので「十」をさし、「一から十まで」の意味からなど、いろいろな説《せつ》がある。

使い方 一口《ひとくち》にパソコンといっても、ピンからキリまである。

1・・・
説はいろいろ。

ふりだしにもどる

ものごとの始《はじ》めのところにもどる。

語源 「ふりだし」は、すごろくでさいころをふり始める出発点《しゅっぱつてん》。すごろくでは、「ふりだしにもどる」で止《と》まった人《ひと》は、出発点にもどらなければならないことから。初《はじ》めからやり直《なお》すという意味《いみ》でも用《もち》いられる。

使い方 やっと決着《けっちゃく》がつきそうだった話《はな》し合《あ》いが、ふりだしにもどってしまった。

水《みず》かけ論《ろん》

両方《りょうほう》が自分《じぶん》の主張《しゅちょう》にばかりこだわって、解決《かいけつ》しない話し合い。

語源 たがいに水をかけ合う遊《あそ》びから。また、「水掛聟《みずかけむこ》」という狂言《きょうげん》のように、たがいに少《すこ》しでも多《おお》く自分の田《た》に水を入《い》れようとして、水をかけ合って争《あらそ》うことからという説《せつ》もある。

使い方 はるおくんとたくやくんの話し合いは、いつでも水かけ論だ。

コラム

女《おんな》の人《ひと》だけが使《つか》っていたことば

またまた参上《さんじょう》！　スーパー忍者《にんじゃ》のムンチャだ！

昔《むかし》の日本語《にほんご》には、男《おとこ》の人が使う「男性語《だんせいご》」と、女の人が使う「女性語《じょせいご》」というのがあったんだ。

たとえば、みんなも使う「おいしい」「おでん」「おむすび」などのことばは、室町時《むろまちじ》代《だい》から江戸《えど》時代にかけて、女の人しか使わない女性語だったんだよ。女の人といっても、天皇《てんのう》の住《す》む宮殿《きゅうでん》ではたらく女官《じょかん》など、特別《とくべつ》な女の人だけが使っていたんだ。江戸時代には、もっとはば広《ひろ》く、いろいろな人が使うようになったんだけど、男の人が使うことばではなかった。

ほかにも「おかき」「おかず」「おじゃ」「おなか」なども最初《さいしょ》は女性語だったんだよ。

女性語がもとになってできたことば

おいしい……すぐれているという意味《いみ》の古《ふる》いことば「いし」がもと。のちに味《あじ》がよいという意味で女の人が「いしい」というようになり、これに「お」がついて「おいしい」になった。

おでん……とうふなどをくしにさして、みそをつけて焼《や》いた食《た》べ物《もの》を、「でんがく(田楽)」というよ。この「田(でん)」に「お」がついて、「おでん」になったんだ。

おかき……せんべいのこと。せんべいの材料《ざいりょう》はもちだが、もちをうすく切《き》って乾《かん》燥《そう》させたものを「かきもち」ともいう。これに「お」がついたもの。「かきもち」はもともとは手《て》で割《わ》ったもちのことで、「かき」は「割った」という意味《いみ》なんだよ。

おかず……ご飯《はん》などの主食《しゅしょく》に対《たい》する副《ふく》菜《さい》。一回《いっかい》の食事《しょくじ》で、何種類《なんしゅるい》かの「数《かず》」を出《だ》すため。それに「お」がついた。

おじや……ぞうすい（雑炊）のこと。「じや」はものがにえるときの音《おと》、またはにえるようすをいったものといわれているよ。これに「お」がついたんだね。

お冷《ひ》や……意味《いみ》は、冷《つめ》たい飲《の》み水《みず》という意味だよ。「お冷やし」を略《りゃく》したことばだ。

文字《もじ》ことばってなに？

ひもじい……これは、文字ことば。ひどくおなかがすいたという意味。もとは空腹《くうふく》であることを「ひだるし」といい、この「ひだるし」の「ひ」に「文字」をつけて、「ひもじ」となった。それが変化《へんか》して形容詞《けいようし》「ひもじい」になったんだ。

文字ことばとは、ことばの頭《あたま》の音《おん》の下《した》に「もじ（文字）」をつけてつくった女性《じょせい》ことば（女房《にょうぼう》ことば）のこと。たとえば、ご飯などをよそう道具《どうぐ》の「しゃもじ（杓文字）」は、「しゃくし（杓子）」の「しゃ」に「文字」をつけたことばなんだ。

人名《じんめい》からできたことば

きみはいくつ知《し》ってるかな？
いろいろな人物《じんぶつ》の名前《なまえ》からできた
ことばをしょうかいするよ！

内弁慶《うちべんけい》

自分《じぶん》の家《いえ》の中《なか》ではいばっているが、外《そと》ではおとなしいこと。また、そのような人《ひと》。

語源「弁慶」は、鎌倉時代《かまくらじだい》の伝説的《でんせつてき》な人物で、とても強《つよ》い僧《そう》だった。家の中でだけ弁慶のように強いということから、「内弁慶」というようになった。

使い方 うちの子《こ》は、内弁慶でこまる。

わっ
いただきー
ベたっ
あいつ、へただな。
おまけに泣《な》き虫《むし》だ。
フン！
ウワアァアン！
みんながいじめる。

くそー、もう、遊《あそ》んでやらない！
もう帰《かえ》ってきたの？アラ、ころんだのね。まさか……それで？
ウルサイなー、ほっといてよ！
それよりゴハンまだ？
内弁慶《うちべんけい》でこまるわ。
まだ3時…
じゃあオヤツ!!はやく！
かわいい子《こ》には旅《たび》をさせろというし……
この夏休《なつやす》みは、北海道《ほっかいどう》のおばあちゃんのところへ一人旅《ひとりたび》をしてみない？
オオッ！
えっ？

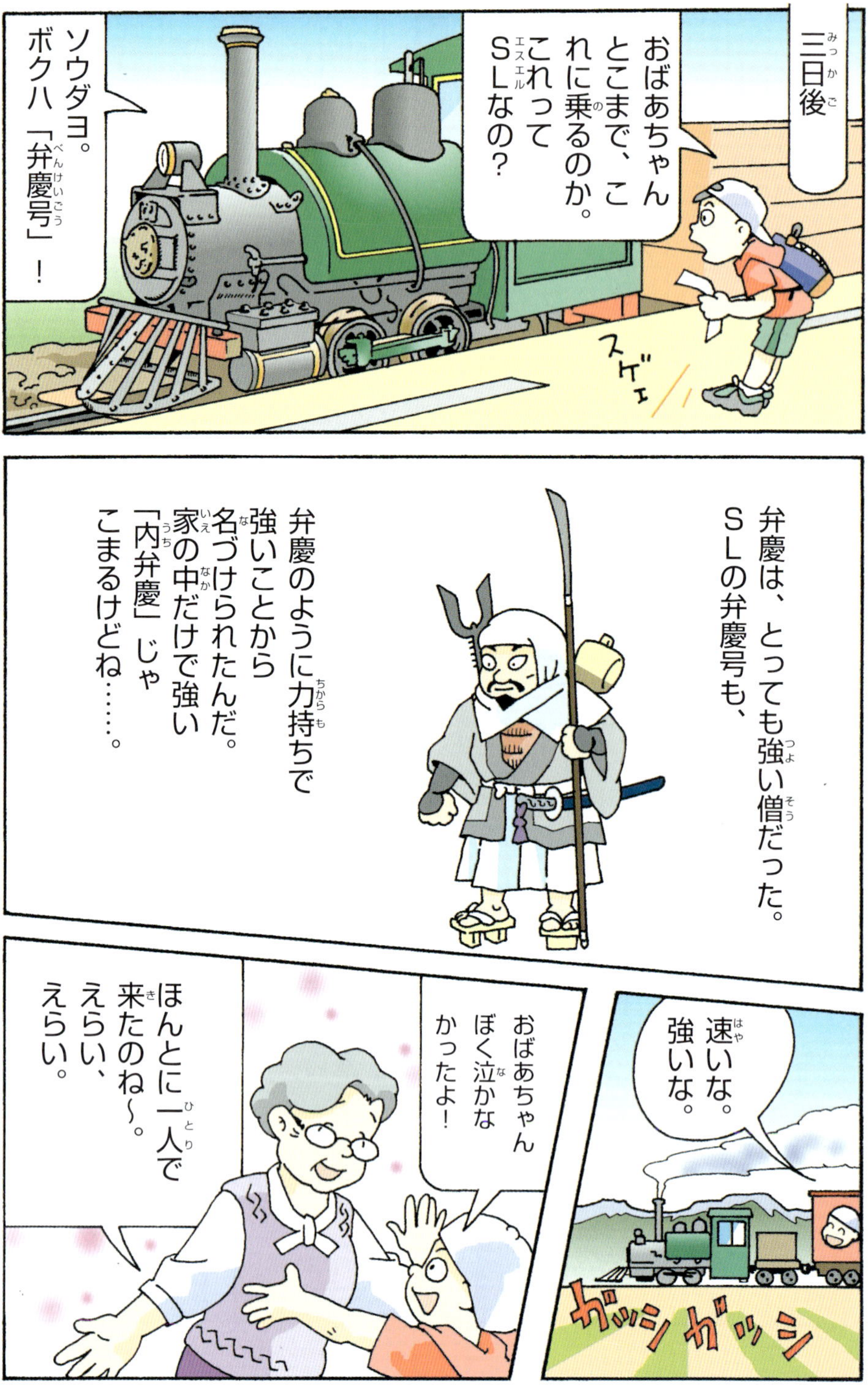
三日後《みっかご》
おばあちゃんとこまで、これに乗《の》るのか。これってSL《エスエル》なの?
ソウダヨ。ボクハ「弁慶号《べんけいごう》」!
スゲェ
弁慶は、SLの弁慶号も、とっても強《つよ》い僧《そう》だった。
弁慶のように力持《ちからも》ちで強いことから名《な》づけられたんだ。家《いえ》の中《なか》だけで強い「内《うち》弁慶」じゃこまるけどね……。
速《はや》いな。強いな。
ガッシガッシ
おばあちゃんぼく泣《な》かなかったよ!
ほんとに一人《ひとり》で来《き》たのね~。えらい、えらい。

市《いち》松《まつ》模《も》様《よう》

色《いろ》のちがう二種類《にしゅるい》の四角形《しかくけい》をたがいちがいにならべた、ごばんの目《め》のような模様。

語源 江戸時代《えどじだい》の佐野川市松《さのがわいちまつ》という役者《やくしゃ》が、この模様のはかまをはいていたことから。

使い方 ココアとバニラの二種類の生地《きじ》で、市松模様のクッキーを作《つく》った。

おしゃれでしょ?
市松模様

いんげん豆《まめ》

マメ科《か》の、つるになる植物《しょくぶつ》。わかい実《み》は、細長《ほそなが》いさやごと食《た》べる。じゅくした実は、おかしの材料《ざいりょう》にする。

語源 江戸時代に、中国《ちゅうごく》の隠元《いんげん》というお坊《ぼう》さんが、日本《にっぽん》に伝《つた》えたからという。なお、隠元が伝えたのは藤豆《ふじまめ》だという説《せつ》もある。

使い方 いんげん豆をてんぷらにする。

じょうぶに育《そだ》つ豆じゃ。

五右衛門風呂《ごえもんぶろ》

かまどの上《うえ》に、鉄《てつ》の湯船《ゆぶね》をすえて、火《ひ》を燃《も》やしてわかす風呂《ふろ》。底《そこ》が熱《あつ》くなるので、浮《う》かせてあるふたなどをふんで入《はい》った。

語源 豊臣秀吉《とよとみひでよし》によって、京都《きょうと》の三条河原《さんじょうがわら》でかまゆでの刑《けい》にされたという大《おお》どろぼう、「石川《いしかわ》五右衛門」の名前《なまえ》から。

使い方 おばあちゃんの家《いえ》では、今《いま》でも五右衛門風呂を使《つか》っている。

たくあん

干《ほ》した大根《だいこん》を、塩《しお》とぬかでつけたつけもの。

語源 江戸時代《えどじだい》の沢庵和尚《たくあんおしょう》という僧《そう》が初《はじ》めて作《つく》ったことからといわれる。また、「たくわえづけ」がなまったものとか、そのほかさまざまな説《せつ》がある。

使い方 お弁当《べんとう》のおかずに、たくあんが入っていた。

だて

はでな身《み》なりやふるまいで、外見《がいけん》をかざること。みえを張《は》ること。

語源 江戸時代初期《えどじだいしょき》の武将《ぶしょう》、伊達政宗《だてまさむね》の家来《けらい》が、ひときわ美《うつく》しくはでな格好《かっこう》をしていた。そこからはでな身なりやふるまいで、外見をかざることを伊達というようになった。また、「人目《ひとめ》に立《た》つ」、「引《ひ》き立つ」を意味《いみ》する「たつ」が、「だて」に変化《へんか》したもの、あるいは強《つよ》く意地《いじ》を張るという意味の古《ふる》いことば「たてだてし」が変化したものという説《せつ》もある。

使い方 あまのくんは、だて眼鏡《めがね》をかけている。

包丁《ほうちょう》

料理《りょうり》のときに、材料《ざいりょう》を切《き》るのに使《つか》う平《ひら》たくてうすい刃物《はもの》。

語源 古代中国《こだいちゅうごく》の料理の名人《めいじん》「庖丁《ほうてい》」の名前《なまえ》からという。日本《にっぽん》では、儀式《ぎしき》のときに魚《さかな》や鳥《とり》を料理する人《ひと》のことを「庖丁《ほうちょう》」といい、その人が使う刀《かたな》という意味《いみ》で「庖丁刀《とう》」といったが、後《のち》に刀を略《りゃく》して「庖丁」が料理用《よう》の刃物《はもの》を意味するようになった。

使い方 大阪《おおさか》の堺市《さかいし》と岐阜《ぎふ》の関市《せきし》は包丁の産地《ち》として知《し》られている。

元《もと》の木阿弥《もくあみ》

一時《いちじ》はよくなったものが、またもとの悪《わる》い状態《じょうたい》にもどってしまうこと。

語源 戦国時代《せんごくじだい》の筒井順昭《つついじゅんしょう》という武将《ぶしょう》が死《し》んだとき、後《あと》つぎがまだ幼《おさな》かったので、敵《てき》にせめられないため、順昭と声《こえ》が似《に》ている「木阿弥」という男《おとこ》を身《み》がわりにして、生《い》きていることにした。やがて、後つぎが成長《せいちょう》して身がわりが不要《ふよう》になると、木阿弥は元の生活《せいかつ》にもどされたという話《はなし》から。

使い方 正月《しょうがつ》からダイエットを続《つづ》けていた母《はは》は、秋《あき》に食欲《しょくよく》に負《ま》けて、元の木阿弥になった。

筒井どの！
わしは病気《びょうき》じゃ。

八百長《やおちょう》

前《まえ》もって打《う》ち合《あ》わせておいたとおりに物事《ものごと》を進《すす》めること。

語源 明治《めいじ》時代初期《しょき》の八百屋《やおや》の長兵衛《ちょうべえ》という人《ひと》は、「八百長」という相撲茶屋《すもうぢゃや》もやっていた。囲碁《いご》が上手《じょうず》で、よく相撲の団体《だんたい》のえらい人と打っていたが、自分《じぶん》の商売《しょうばい》がうまくいくように、時々《ときどき》わざと負《ま》けて相手《あいて》を喜《よろこ》ばせていたことから、なれあいの勝負《しょうぶ》をいうようになった。

使い方 八百長がばれて、選手《せんしゅ》がばつを受《う》けた。

わざと負けてやれ。

コラム

「弁慶《べんけい》の泣《な》き所《どころ》」は、体《からだ》のどの部分《ぶぶん》？

みんなは、「弁慶の泣き所」って知《し》っているかい？ 「弁慶の泣き所」は人間《にんげん》の体のある部分をあらわしているんだ。いったいどこをあらわしているかな？ 次《つぎ》の1～3の中《なか》から正《ただ》しいものを選《えら》ぼう！

1 **顔《かお》**……強《つよ》くて勇気《ゆうき》のある弁慶は、めったに泣き顔《がお》を見《み》せなかったことから。

2 **背中《せなか》**……弁慶の背中には、昇《のぼ》り竜《りゅう》の入《い》れずみがほってあり、泣く子《こ》もだまるくらいのおそろしさだったから。

3 **すね**……すねを強く打《う》つと、弁慶ほどの強い人《ひと》でも痛《いた》さのあまり泣くことから。

正解《せいかい》は、3の「すね」。

すねは、ひざからくるぶしまでの足《あし》の前側《まえがわ》の部分で、「むこうずね」ともいうよ。すねのつくことばとしては、「親《おや》のすねをかじる」、「すねに傷《きず》を持《も》つ」などがあるね。

●人体《じんたい》のおもな名前《なまえ》の由来《ゆらい》を見《み》てみよう。

体……魂《たましい》の入れものである「から（殻）」に、接尾語《せつびご》の「だ」がついて、「からだ」というようになった。

くちびる……「くち（口）」の「へり（縁）」という意味《いみ》の「くちへり」が変化《へんか》したことば。

えくぼ……「え」は笑《わら》うこと、「くぼ（窪）」はくぼんだところ。笑うとできるくぼみという意味から。

薬指《くすりゆび》……昔《むかし》、医者《いしゃ》が薬をまぜるときに使《つか》っていた指という意味から。

まぶた……「ま（目）」の「ふた（蓋）」という意味から。

地図帳《ちずちょう》を見《み》ながら、国名《こくめい》や地名からできたことばを学習《がくしゅう》しよう！

さつまいも

ひるがおの仲間《なかま》の、つるでのびる植物《しょくぶつ》。根《ね》はでんぷんが多《おお》くてあまく、食用《しょくよう》。また、アルコールの原料《げんりょう》になる。

語源 江戸時代《えどじだい》のはじめ、中国《ちゅうごく》から琉球《りゅうきゅう》（今《いま》の沖縄県《おきなわけん》）や薩摩《さつま》（今の鹿児島県《かごしまけん》）の国《くに》に伝《つた》わったことから、「薩摩芋《さつまいも》」といわれるようになった。

使い方 おやつにさつまいもをふかして食《た》べた。

江戸時代
米《こめ》をよこせ！
米問屋《こめどんや》を打《う》ちこわせ！
そんな、あこぎな。
このころ、天候不順《てんこうふじゅん》やイナゴの大量発生《たいりょうはっせい》によりききんに……
この天気《てんき》じゃ、作《つく》るのもままならない。
青木昆陽《あおきこんよう》
なるほど、南蛮《なんばん》から薩摩に伝わった甘《かん》しょか……
薩摩《さつま》

ここが天王山《てんのうざん》。
その甘《かん》しょを
江戸《えど》で栽培《さいばい》してみよう。
小石川薬園《こいしかわやくえん》
ふう。
どうかな？
やった！
甘しょが
とれたぞー！！
これで
うえることは
なくなります。
このように、
薩摩《さつま》から全国各地《ぜんこくかくち》に
伝《つた》わった甘しょなので、
「さつまいも」と
呼《よ》ばれるようになった。
その後《ご》――
おいしい
焼《や》きイモだよ〜。
味《あじ》が、栗《くり》（九里《くり》）
より（四里《より》）
ウマイよ！
十三里
おサツよ
ナルホド…

あこぎ

欲《よく》ばりでずうずうしく、思《おも》いやりのないようす。

語源 三重県津市《みえけんつし》にある「阿漕ケ浦《あこぎがうら》」という海岸《かいがん》では、昔《むかし》、伊勢神宮《いせじんぐう》に供《そな》える魚《さかな》をとっていて、一般《いっぱん》の漁《りょう》は禁《きん》じられていた。しかし、たびたび密漁《みつりょう》をする者《もの》も多《おお》く、それが有名《ゆうめい》になって、あつかましく何度《なんど》も同《おな》じことをするようす、ずうずうしいようすをいうようになった。

使い方 あこぎな商売《しょうばい》をするやつだ。

しめしめ、大漁《たいりょう》だぜ！

おこがましい

①ばかげている。②なまいきで、さしでがましい。

語源 「おこ」は「烏滸」と書《か》き、昔中国《むかしちゅうごく》にあった地名《ちめい》。ここは、猿楽《さるがく》という芸能《げいのう》で有名だったが、ほかの地区《ちく》の猿楽より、説明《せつめい》がくどすぎておもしろくなかった。そこからおろかな、ばかげたという意味《いみ》になったという。

使い方 ②ぼくが人《ひと》にものを教《おし》えるなんておこがましい。

せつめい
くどくど
せつめい
つまんない
説明《せつめい》が長《なが》いよ〜。

白河夜船《しらかわよふね》

何《なに》が起《お》こっても気《き》づかないほど、ぐっすりねむること。

語源 白河は京都《きょうと》の地名《ちめい》。京都に行《い》ったことのない人《ひと》が、いかにも行ったかのように話《はな》していたが、白河について聞《き》かれたとき、川《かわ》の名前《なまえ》だと思《おも》い「夜中《よなか》に船で通《とお》ったから知《し》らない」と言《い》ったという話《はなし》から。「白川《しらかわ》夜船」とも書《か》く。

使い方 地《じ》しんがあったが、つよしくんは白河夜船で何も知らない。

瀬戸物《せともの》

茶《ちゃ》わんや皿《さら》などの、陶磁器《とうじき》。

語源 愛知県瀬戸市付近《あいちけんせとしふきん》で作《つく》られる陶磁器を「瀬戸焼《やき》」という。それが、明治期以降《めいじきいこう》に大流行《だいりゅうこう》したため、陶磁器全体《ぜんたい》をさすようになった。

使い方 町《まち》の広場《ひろば》で、瀬戸物を売《う》る市《いち》が開《ひら》かれている。

天王山《てんのうざん》

勝敗《しょうはい》の分《わ》かれ目《め》となる大《だい》事《じ》なところ。また、大事なとき。

語源 天王山は、京都南部《きょうとなんぶ》にある山《やま》。ここで昔《むかし》、羽柴《はしば》（豊臣《とよとみ》）秀吉《ひでよし》と明智光秀《あけちみつひで》が戦《たたか》ったとき、先《さき》に占領《せんりょう》した秀吉軍《ひでよしぐん》が勝《か》ち、秀吉が天下《てんか》を取《と》ったことから。

使い方 野球《やきゅう》の首位争《しゅいあらそ》いは、今日《きょう》のゲームが天王山だ。

勝った！
負けた……。

洞ヶ峠《ほらがとうげ》

なりゆきの有利《ゆうり》な側《がわ》につくために、ようすを見守《みまも》ること。

語源 「洞ヶ峠」は、京都と大阪《おおさか》の境《さかい》にある峠《とうげ》。ここで昔、羽柴（豊臣）秀吉と明智光秀が戦ったとき、峠に陣《じん》を取ってようすを見《み》ていた筒井順慶《つついじゅんけい》が、秀吉側が優勢《ゆうせい》と見《み》ると秀吉の味方《みかた》についたことから。

使い方 ずるいと思《おも》われるかもしれないが、洞ヶ峠を決《き》めこんだ。

秀吉につく！
ほらが峠
京都
大阪

コラム 日本《にっぽん》の地名《ちめい》の由来《ゆらい》を調《しら》べよう！

ぼくは、超忍法《ちょうにんぽう》を使《つか》って、日本全国《ぜんこく》を旅《たび》したことがあるんだ！
さあ、ここでは、日本の地名の語源《ごげん》を見《み》てみよう。どんな由来があるのかな？

宮城県《みやぎけん》「仙台《せんだい》」

はじめは「千代《せんだい》」という字《じ》を使《つか》っていたが、あとで今《いま》の漢字《かんじ》になったんだ。「せんだい」の語源は、アイヌ語《ご》で川《かわ》の入口《いりぐち》をさす「せんない」が「川内」となって、それが変《へん》化《か》したともいわれているんだ。

東京都《とうきょうと》「アメ横《よこ》」

アメ横は、東京都台東区《たいとうく》にある商店街《しょうてんがい》。「アメヤ（飴屋）横丁《よこちょう》」の略《りゃく》で、第二次世界大《だいにじせかいたい》戦後《せんご》にやみ市《いち》（売買《ばいばい》を禁《きん》じられていた商品《しょうひん》をあつかう市）があった場所《ばしょ》なんだ。

当時《とうじ》は、アメやお菓子《かし》がたくさん売《う》られていたから、こう呼《よ》ばれるようになったっていう説《せつ》と、アメリカ製《せい》のものがたくさん売られていたからっていう説があるんだ。きっといろんな人《ひと》が同時《どうじ》に言《い》い始《はじ》めて、しぜんに名前《なまえ》がついたんだろうね。

滋賀県《しがけん》「琵琶湖《びわこ》」

琵琶湖は日本最大《さいだい》の湖《みずうみ》だね。名前の由来は、湖の形《かたち》が琵琶という楽器《がっき》に似《に》ているからなんだ。

大阪府《おおさかふ》「道頓堀《どうとんぼり》」

道頓堀という名前は、安土桃山時代《あづちももやまじだい》の土《ど》木家《ぼくか》、安井《やすい》道頓にちなんで名づけられたんだ。道頓がつくった運河《うんが》は、熱狂的《ねっきょうてき》な野球《やきゅう》ファンが、地元《じもと》チームが優勝《ゆうしょう》したときに飛《と》びこむことで有名《ゆうめい》な道頓堀川《がわ》のこと。そして、派手《はで》でユニークな動《うご》く看板《かんばん》が並《なら》んでいる飲食店《いんしょくてん》のある場所を道頓堀というんだ。

大分県《おおいたけん》「湯布院《ゆふいん》」

昭和《しょうわ》三十年《ねん》（一九五五年）に由布院町《ゆふいんちょう》と湯平村《ゆのひらむら》が合併《がっぺい》したとき、それぞれの名前の字をとって、今の湯布院という名前ができたんだ。

動作・ようす・言い方 からできたことば

人の動きやふるまい、ものの言い方からできたよ！

土産（みやげ）

① 旅先や外出先で手に入れて、家などに持ち帰る品物。

② 人の家をたずねるときに持っていく、おくりもの。

語源 もとは「見上げ」で、意味は「よく見る」こと。買う人は、よく見て品物を選び、人にあげることからといわれる。

使い方 父が旅行のお土産を買ってきた。

――――――

お世話になりました！

長い間ごくろうであった。国もとへもどれ。

たったった

一年間の単身ふにんも終わった。田舎に帰れるぞ！

これで都《みやこ》も見《み》おさめだ。
おお、そうだ！
あなたっ
LOVE
でれ〜
田舎《いなか》で待《ま》つ妻《つま》に、都のものをプレゼントしてやろう。
あれにしようか、これにしようか。
あれもおもしろいが、これもいい。
ああ！決《き》められない！
キラン！
ワッ、まぶしい！一体《いったい》なんだ？
いらっしゃい！
鏡《かがみ》、くし、いろいろあるよ。

美《うつく》しい鏡《かがみ》だ。もっとよく見《み》てみよう！
この鏡は、天竺《てんじく》の装飾《そうしょく》がほどこされた一品《いっぴん》ですぞ。
ここだけの産物《さんぶつ》です。
いい買《か》い物《もの》をしたなー♪
お～い、いま帰《かえ》ったぞ！
あなた、おかえりなさ～い。
ちゃんと働《はたら》いた？ごほうびはいただいたの？
とっ

よ、よいものを
買《こ》うてきたぞ。
アラうれしい
いろいろな品物《しなもの》の中《なか》から、
よ〜く見《み》て、あげる。
だから、
「みやげ」
というようになったんだ。
また、
その土地《とち》の産物《さんぶつ》なので、
「土産《みやげ》」
とも書《か》くよ。
じぃ〜
ほら
なんなのよ！
このオンナ！
えっ
都《みやこ》で浮気《うわき》
してたのね。
そのうえ
……
連《つ》れて帰《かえ》って
くるなんて!!
キ〜
しまった！
君《きみ》は鏡《かがみ》を
見るのが
初《はじ》めてなんだぁ！

優《やさ》しい

上品《じょうひん》で美《うつく》しい。すなおで、おとなしい。おだやかで、思《おも》いやりがある。

語源 「やせる（＝身《み》が細《ほそ》る）」からできたことば。かたみがせまく身の細る思いから、自分《じぶん》がやせるほど人《ひと》を思いやるという意味《いみ》に変化《へんか》した。

使い方 母《はは》はわたしに優しいことばをかけてくれた。

むかし、あるところに、イジワルなまま母《はは》がいました。
どーん
今夜《こんや》は、大切《たいせつ》なお客《きゃく》さまが来《く》るの。おまえはみっともないから、裏《うら》にひっこんでなさいよ！
はい。
パチパチパチ
その夜《よ》——

しんたろう君《くん》は、このたび帝国大学《ていこくだいがく》を優秀《ゆうしゅう》な成績《せいせき》で卒業《そつぎょう》しました。
故郷《こきょう》に錦《にしき》をかざったのであります。
やれやれ、毎晩《まいばん》えん会《かい》ばっかりだ……。
そ〜っ
かちゃ
かちゃ
おじょうさん、そんなコト、あたしたちがやります。
いいのよ、これくらい。
この家《いえ》の娘《むすめ》さんなのか……。優《やさ》しいなぁ。しかも――
カワイイ！ぼくと結婚《けっこん》してください！

うそ?!
ほんとうです。
お母《かあ》さま、お世話《せわ》になりました。
お母さん、今《いま》までまま娘《むすめ》といってはひどいことをしてましたね。
はずかしくはないのですか?
う
ごめんなさい。目《め》がさめました。今日《きょう》から、心《こころ》を入《い》れかえます。
自分《じぶん》がやせるくらいに人《ひと》を思《おも》いやる気持《きも》ち……。
それが優《やさ》しいということばの由来《ゆらい》なんだね。
ビフォー
アフター
ほっそり
今日も奉仕活動《ほうしかつどう》に行《い》ってきます。
うーん
キレイだし…
お母さまったら、優しくなったわ。

あかぬける

すっきりして、美《うつく》しくなる。都会風《とかいふう》で、やぼったくなくなる。

語源 体《からだ》のあか（垢）が全部《ぜんぶ》取《と》れて、さっぱりしていることから。また、植物《しょくぶつ》のしぶみである「灰汁《あく》」がぬけて、いやみがなくなることからともいわれる。

使い方 あかぬけた着《き》こなしの人《ひと》。／あかぬけた芸《げい》。

あかだらけ。
さっぱり！

あかんべ

下《した》まぶたを指《ゆび》で下《さ》げながら、舌《した》を出《だ》すこと。相手《あいて》をからかったり、ばかにしたりするときの動作《どうさ》。また、そのときに言《い》うことば。

語源 目《め》の赤《あか》いところを意味《いみ》する「赤目《あかめ》」が「あかんべ」になった。

使い方 弟《おとうと》は、わたしのおやつを取《と》ってあかんべをしてにげた。

べ～ッ。
くそ～。

あっけない

思《おも》ったよりかんたんで、物足《ものた》りない。

語源 もとは「飽《あ》く気《き》ない」。飽くはこの場合《ばあい》十分《じゅうぶん》に満足《まんぞく》することで、そのような気がないことから、物足りない、張《は》り合《あ》いがないの意味《いみ》になった。

使い方 今年《ことし》の夏休《なつやす》みはあっけなくすぎてしまった。

もう、飽きたでしょ？
まだ！

面白《おもしろ》い

ふつうとちがっていて、笑《わら》いだしたくなるようす。こっけいである。楽《たの》しくて、つい夢中《むちゅう》になってしまうようす。興味深《きょうみぶか》い。

語源 目《め》の前《まえ》（面《おもて》）がぱっと明《あか》るく（白《しろ》く）なるようにはっきり目立《めだ》つようすを意味し、目に見《み》えるものについていった。「こっけいな」という意味ができたのは、江戸時代以降《えどじだいいこう》のこと。

使い方 先生《せんせい》の話《はなし》はいつも面白いので、つい引《ひ》きこまれてしまう。

明るくなったわ。
ぱっ

ぼく

男《おとこ》の人《ひと》が、自分《じぶん》のことをさしていうことば。

語源 「ぼく（僕）」は、「しもべ」とも読《よ》むように、もともとは男の使用人《しようにん》・めしつかいを意味《いみ》する。それが「あなたのめしつかいです」という意味で、自分のことをへりくだっていうことばとなった。

使い方 ぼくでよければ、先生《せんせい》のお手伝《てつだ》いをします。

本《ほん》

おおもと。本当《ほんとう》の。書物《しょもつ》。細長《ほそなが》いものを数《かぞ》えるときのことば。

語源 紙《かみ》のなかった大昔《おおむかし》は、大切《たいせつ》なことを記録《きろく》するときは、細長い板《いた》に文字《もじ》を書《か》いていた。この板を数えるとき、「一本《いっぽん》、二本《にほん》」……と言っていたことから、読むための「本」ということばができたと考《かんが》えられている。

使い方 図書館《としょかん》から本を借《か》りてきた。

まぶしい

明《あか》るすぎて、まともに見《み》ていられないほどである。

りっぱすぎて、まともに見つめられない。

語源 もとは「目細い」（まぼそい）で、光《ひかり》が強《つよ》くて目《め》を細《ほそ》めることから。「目干《まぼ》し」が変化《へんか》したものともいわれる。

使い方 太陽《たいよう》が雲《くも》の間《あいだ》から顔《かお》を出《だ》したとたん、あたり一帯《いったい》がまぶしくなった。

ま、まぼそい
……。

みっともない

ほかの人《ひと》から見て見苦《みぐる》しいようす。

語源 見たくもないという意味《いみ》の「見とうもない」から。見るのもいやなくらい、かっこうが悪《わる》いということから。

使い方 くつ下《した》に穴《あな》があいていて、みっともない思《おも》いをした。

見たくもないわ！
カッコ悪い？

コラム

昔《むかし》と今《いま》で意味《いみ》が変《か》わったことば・パート1

イエイ！ ぼくはスーパー忍者《にんじゃ》だから、超忍法《ちょうにんぽう》で時空《じくう》を超《こ》えたタイムトラベルができるんだ！
さぁ、ここでは、昔と今で意味がちがうことばを見《み》てみよう！

例題《れいだい》 あした

○現代《げんだい》の意味…明日《あす》

●昔の意味…（朝《あさ》、翌朝《よくあさ》）

問1 あたらし

○現代の意味…　新鮮《しんせん》な

●昔の意味…（　　　）

問2 いそぎ

○現代の意味…急用《きゅうよう》

●昔の意味…（　　　）

問3 つとめて

○現代の意味…努力《どりょく》して

●昔の意味…（　　　）

問4 なかなか

○現代の意味…ずいぶん

●昔の意味…（　　　）

問5 あやし

○現代の意味…信用《しんよう》できない、へんな様子《ようす》だ

●昔の意味…（　　　）

問6 ののしる

○現代の意味…非難《ひなん》する

●昔の意味…（　　　）

問7 おとなし

○現代の意味…落《お》ち着《つ》いて静《しず》かなさま

●昔の意味…（　　　）

正解《せいかい》

1 もったいない、惜《お》しい

2 したく、準備《じゅんび》

3 早朝《そうちょう》、翌朝

4 中途《ちゅうと》半《はん》ぱに、かえって

5 不《ふ》思《し》議《ぎ》、不つごう

6 大声《おおごえ》でさわぐ、うわさする

7 大人《おとな》らしい、注意《ちゅうい》ぶかく考《かんが》える

うのみ

人《ひと》のことばやものごとをよく考《かんが》えないで、そのまま信《しん》じ、受《う》け入《い》れること。

語源 「う（鵜）」という鳥《とり》は、つかまえた魚《さかな》をかまないで丸飲《まるの》みにするということから。

使い方 人の話《はなし》を、なんでもうのみにするのは危険《きけん》だ。

よたよた
カアー
カラスさん、どうしたの？
じつは昨日《きのう》から何《なに》も食《た》べてないんだ。

あら、
この川《かわ》をごらんなさいよ。川の中《なか》には丸《まる》まると太《ふと》ったサカナがいーっぱいいいるのに。
ホント？
おなかいっぱい食《た》べられるのよ〜。わたしなんて毎日《まいにち》食べてるもの。
ありがとう！
川の真《ま》ん中あたりがよく捕《と》れるわよぉー。

うの目《め》たかの目で
見《み》つけるぞ！
よし、見つけた！
わしづかみにしてやる！
ぴゅ――っ
ザブン
アッ、しまった！
おれ、泳《およ》げないんだった～。
「う」という鳥《とり》は、魚《さかな》を丸飲《まるの》みする。よくかまずに、飲みこむように人《ひと》の話《はなし》をそのまま信《しん》じてしまうと、痛《いた》い目にあうこともある。
ゴクン
ゼーゼーヒーヒー
人の話をうのみにしてはいけないんだ。
ぱく
わたしのことを毛《け》ぎらいしないでね。

ざっくばらん

身構《みがま》えずに、ありのままに気持《き も》ちをあらわすようす。かくしだてをしないようす。

語源 江戸時代《えどじだい》、まげを結《ゆ》わない、だらしのない男性《だんせい》の髪形《かみがた》を、「ざっくばらり」とからかっていったことから。

使い方 男子《だんし》も女子《じょし》も、思《おも》っていることをざっくばらんに話《はな》し合《あ》った。

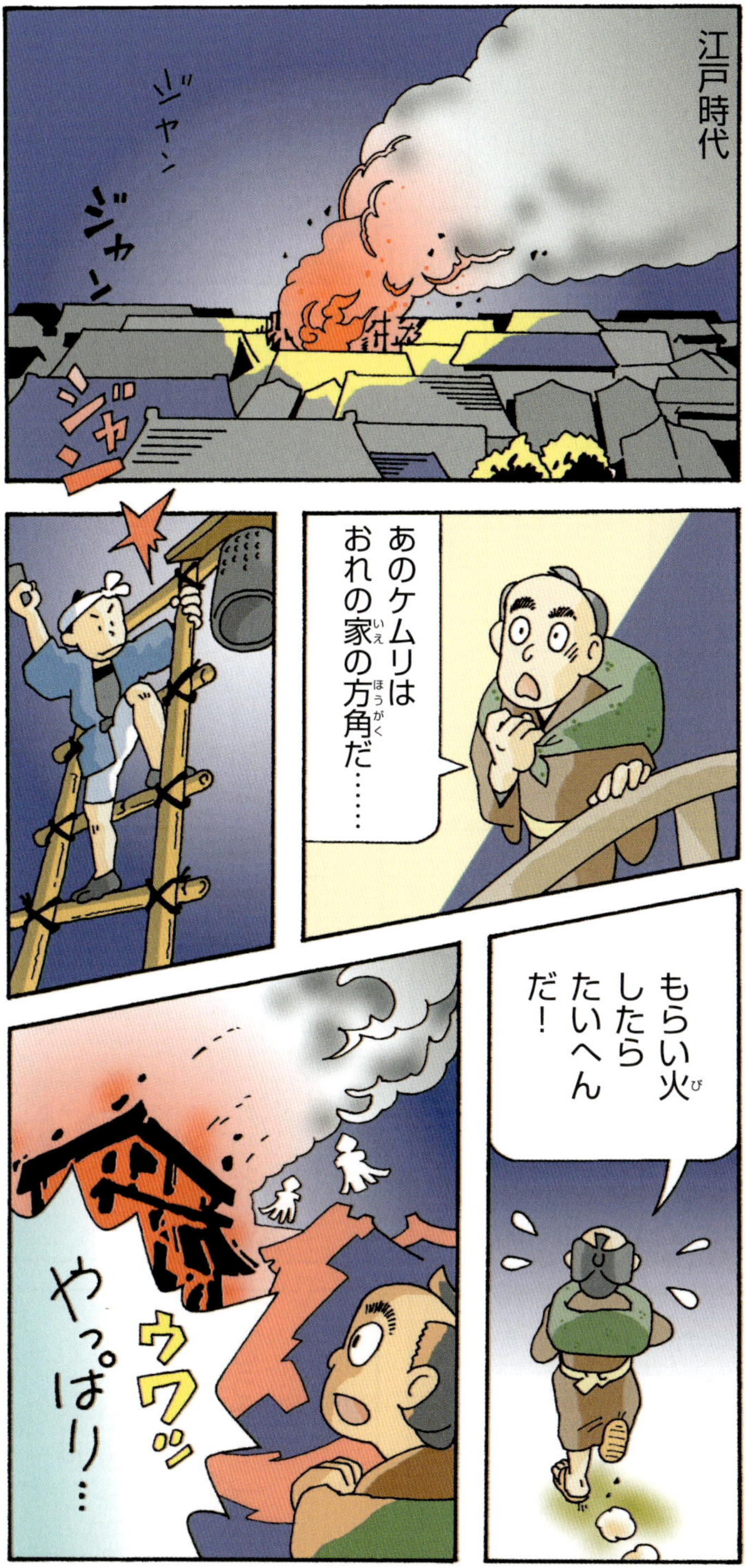
江戸時代
ジャーン
ジャーン
ジャーン
あのケムリはおれの家《いえ》の方角《ほうがく》だ……
もらい火《び》したらたいへんだ！
ウワッ
やっぱり…

あ〜あ、すっかり燃《も》えちゃった。
すべてがおじゃんだ。
おれんちも、きれいさっぱり燃えちまった。おけらだぜ。
でもよ、元気《げんき》出《だ》そうや！
あ、となりのゲンさん。

それにしても、ひどいカッコウだ。
そっちこそ、まげがバラバラだぜ。
よし！これからはおたがいにざっくばらんでいこうや！

江戸時代《えどじだい》の男性《だんせい》は、ふつうまげを結《ゆ》っていたが、なかにはきちんと結わえず、頭《あたま》のてっぺんで髪《かみ》が左右《さゆう》にざっくり分《わ》かれ、それがバラリと垂《た》れ下《さ》がるままにする人《ひと》もいた。そのだらしのない髪形《がた》を見《み》た人が、「ざっくばらり」と言《い》ってからかった。そこから、体裁《ていさい》をとりつくろわないという意味《いみ》が生《う》まれた。

そろばんと小銭《こぜに》が残《のこ》った。
上等《じょうとう》だ！
二人《ふたり》で、商売《しょうばい》やらないか？これこれ、こんな屋台《やたい》でよ……
はしを使《つか》わず、サッと食《た》べられるものを売《う》ろうぜ！
そいつァいいな！やってみよう！
一年後《いちねんご》
さあさあ
ちまたで人気《にんき》のおすしだよ。
お客《きゃく》が目白《めじろ》おしだわ！
うまい！
とってもおいしいんだ！

うなぎ登《のぼ》り

ものごとの程度《ていど》・値打《ねう》ちなどが、どんどん上《あ》がること。

語源 細長《ほそなが》い体《からだ》をした川魚《かわざかな》の「うなぎ」が、水中《すいちゅう》をまっすぐ上昇《じょうしょう》することからとも、川を上《のぼ》る姿《すがた》からともいう。また、手《て》でうなぎをつかもうとすると、体をくねらせながら、上《うえ》に行《い》こうとする習性《しゅうせい》があることからともいわれる。

使い方 野菜《やさい》の値段《ねだん》が、うなぎ登りに上がっている。

うの目《め》たかの目

一生《いっしょう》けんめいものを探《さが》し出《だ》そうとするようす。また、そのときのしんけんな目つき。

語源 「う（鵜）」や「たか（鷹）」が、えものを探すときの目つきが、とてもするどいことから。

使い方 うの目たかの目で、バーゲンの服《ふく》をあさる。

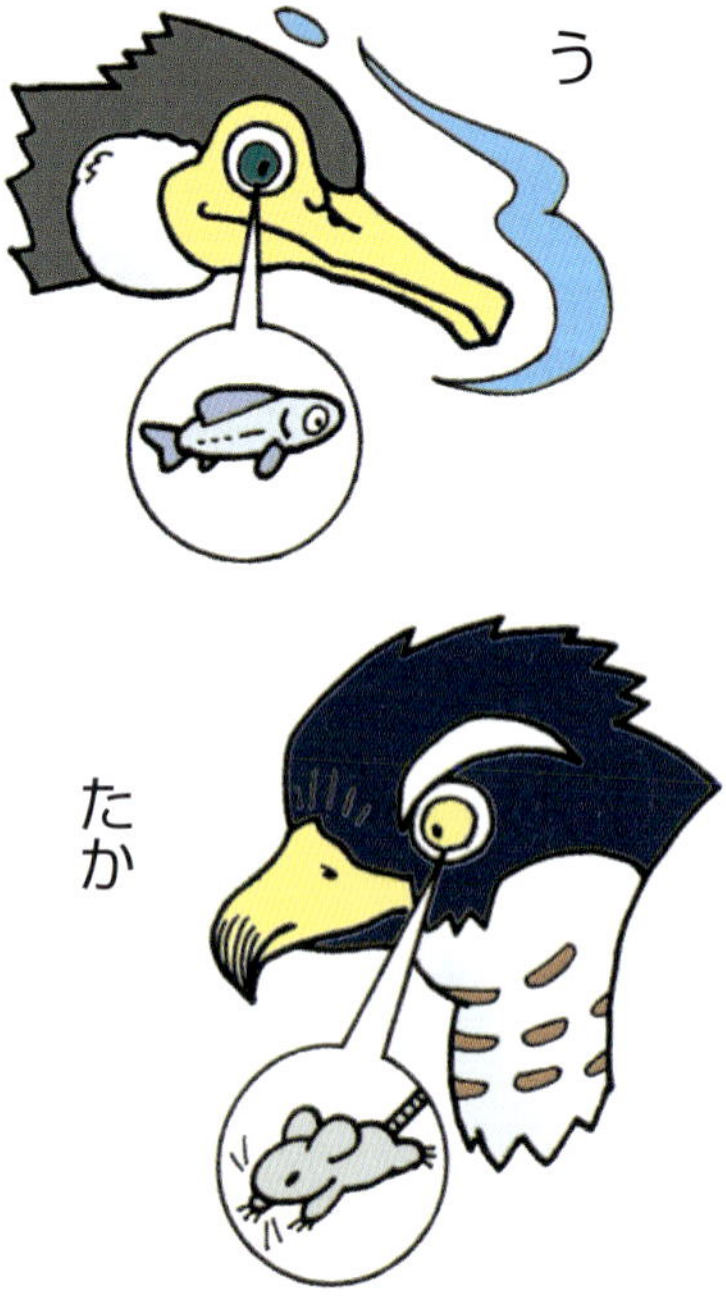

うり二《ふた》つ

顔《かお》つきや姿形《すがたかたち》がたがいにとても似《に》ているたとえ。

語源 うり（瓜）を真《ま》ん中《なか》からたて二つに割《わ》ると、切《き》り口《くち》が似ていることから。

使い方 「きみはお母《かあ》さんとうり二つだ」とよく言《い》われる。

そっくりだ！

おけら

お金《かね》が全然《ぜんぜん》ないこと。一文《いちもん》なし。

語源 ケラという昆虫《こんちゅう》が土《つち》をほる姿《すがた》が、こうさんして手《て》をあげているかっこうに似ていることから。お金がなくなってどうしようもなく、まいっているようすをたとえたことば。

使い方 かけごとに負《ま》けて、おけらになってしまった。

お手上《てあ》げ～

おしどり

いつもいっしょにいる仲《なか》のいい夫婦《ふうふ》や男女《だんじょ》のこと。

語源 「おしどり（鴛鴦）」は、カモ科《か》の水鳥《みずどり》で、オスとメスのつがいが、いつも仲良《なかよ》くいっしょにいる性質《せいしつ》があることから、仲のいい夫婦や男女をたとえていうようになった。

使い方 ぼくのおじさん夫婦は、おしどり夫婦といわれている。

ふふふ

おじゃん

やりかけていたことが失敗《しっぱい》に終《お》わること。

語源 江戸時代《えどじだい》、火事《かじ》を知《し》らせたり、火事がおさまったことを知らせたりするため、半鐘《はんしょう》という小《ちい》さなつりがねを鳴《な》らした。その、火事が消《き》えたときに鳴らす音《おと》が、「ジャンジャン」と聞《き》こえたことから、火事ですべて焼《や》けてしまうように、ものごとが途中《とちゅう》でだめになってしまうことを「おじゃん」といった。

使い方 雨《あめ》で遠足《えんそく》の計画《けいかく》がおじゃんになった。

ジャン
ジャン
火事がおさまったようだ。

葛藤《かっとう》

①人《ひと》と人の関係《かんけい》がもつれて、いがみあうこと。②二《ふた》つの気《き》持《も》ちがからみあい、まようこと。

語源 「葛藤」は「葛《かずら》」と「藤《ふじ》」という二つのつる性《せい》の植物《しょくぶつ》のこと。どちらもつるがのびてもつれてしまうことから、物事《ものごと》がもめて、からみあっている意味《いみ》として使《つか》われるようになった。

使い方 ②勉強《べんきょう》をしなければいけない気持ちと、遊《あそ》びに行《い》きたい気持ちの葛藤になやむ。

からみつくなよ〜。
フジ
カズラ

がんもどき

水気《みずけ》をとってくずした豆腐《とうふ》に、細《こま》かくきざんだ野菜《やさい》などを入《い》れ、油《あぶら》であげた食《た》べ物《もの》。

語源 ふつう、味《あじ》が「がん（雁）」という鳥《とり》の肉《にく》の味に似《に》せたものであったことから名付《なづ》けられたといわれている。しかし、実際《じっさい》には豆腐と野菜で雁の肉に似た味は作《つく》れない。「もどき」は、似ているという意味。

使い方 おにしめに入《はい》っているがんもどきが好《す》きだ。

がん

毛《け》ぎらい

特別《とくべつ》な理由《りゆう》もなく、きらうこと。

語源 動物《どうぶつ》が、毛並《けな》みだけで相手《あいて》をきらうことがあることから。

使い方 むやみに毛ぎらいせずに、一度《いちど》話《はな》し合《あ》ってみよう。／毛ぎらいしている科目《かもく》も、興味《きょうみ》を持《も》てば楽《たの》しくなる。

互角《ごかく》

たがいに実力《じつりょく》に差《さ》がなくて、勝《か》ち負《ま》けが決《き》められないこと。五分五分《ごぶごぶ》。

語源 もともとは「牛角」と書《か》き、牛《うし》のツノのこと。牛の頭《あたま》の二本《にほん》の角《つの》が、左右《さゆう》とも長《なが》さや大《おお》きさの差がほとんどないことから。

使い方 次《つぎ》の対戦相手《たいせんあいて》は、ぼくたちのチームと互角の実力を持っている。

ごぼうぬき

①多《おお》くの人《ひと》の中《なか》から一人《ひとり》ずつぬき出《だ》すこと。②競《きょう》走《そう》などで、一気《いっき》に多くの人を追《お》いぬくこと。

語源 ごぼうを土《つち》から引《ひ》きぬくとき、するっと一気に引きぬくことから。

使い方 ②運動会《うんどうかい》のリレーでアンカーがごぼうぬきをし、優勝《ゆうしょう》した。

ごまをする

自分《じぶん》の得《とく》になりそうな人のところに寄《よ》ってきて、おせじなどを言《い》ってごきげんをとる。

語源 火《ひ》でいったごまをすりばちでつぶすと、すりばちのあちこちにベタベタくっつく。そのようすが、おせじを言うためにベタベタつきまとう人のありさまに似《に》ていることから。

使い方 部下《ぶか》が上司《じょうし》にごまをする。

すし（鮨）

酢《す》を入《い》れたご飯《はん》に、魚介類《ぎょかいるい》や野菜《やさい》などをのせたりまぜたりした料理《りょうり》。

語源 もともとは、すっぱいという意味《いみ》の古語《こご》「酸《す》し」。はじめは、魚《さかな》を塩《しお》づけにして自然《しぜん》に発酵《はっこう》させた「なれずし」のことをいった。

使い方 すしといえば、伊勢《いせ》の鯛《たい》ずしや近江《おうみ》のふなずしなどが有名《ゆうめい》だ。

高嶺《たかね》の花《はな》

すばらしいものだが、とうてい自分《じぶん》のものにならないもの、手《て》の届《とど》かないもののたとえ。

語源 「高嶺」は、高い山《やま》の頂上《ちょうじょう》で、「高根《たかね》」とも書《か》く。高いところにさく花は、ただながめるだけで手に入《い》れるのがむずかしいということから。

使い方 人気者《にんきもの》のももえちゃんは、ぼくたちにとって、しょせん高嶺の花だ。

ちまた（巷）

町《まち》の中《なか》。世《よ》の中。

語源 「道股《ちまた》」からできたことば。道股は、道《みち》がいくつにも分《わ》かれているところで、多《おお》くの人《ひと》が行《ゆ》き来《き》し、にぎわい、町ができることから。

使い方 ちまたの声《こえ》を聞《き》く。

とどのつまり

けっきょくのところ。

語源 「とど」は、「ぼら」という魚《さかな》が成長《せいちょう》したときの呼《よ》び名《な》。ぼらは、成長するにしたがって呼び名が変《か》わる出世魚《しゅっせうお》。おぼこ、いな、ぼらと名を変え、最終的《さいしゅうてき》な呼び名が「とど」なので、「最後《さいご》の最後」という意味《いみ》になった。

使い方 とどのつまり、あの話《はなし》の意味はなんだったんだ？

とんちんかん

言動《げんどう》が見当《けんとう》ちがいであること。ものごとのつじつまが合《あ》わないこと。また、そういう人《ひと》。

語源 鍛冶屋《かじや》のつちは、師匠《ししょう》と弟子《でし》が交互《こうご》に打《う》つので、音《おと》がそろわず「トンチンカン」と聞《き》こえることから。

使い方 先生《せんせい》に聞かれたことに対《たい》して、ぼくはとんちんかんな返事《へんじ》をしてしまった。

参照《さんしょう》→相《あい》づち二四ページ

とんちんかん

ねこばば

悪《わる》いことをしたあとそれをごまかして、知《し》らないふりをすること。とくに拾《ひろ》ったものをだまって自《じ》分《ぶん》のものにすること。

語源 「ばば」は「ふん」のこと。ねこは、ふんをしたあと、砂《すな》をかけてかくす習性《しゅうせい》があり、そのようすが、そっとかくして知らん顔《かお》をするように見《み》えることから。

使い方 ねこばばを決《き》めこむ。

し〜らないッ。

はし（箸）

食《た》べ物《もの》をはさむために使《つか》う、細長《ほそなが》い一組《ひとく》みの棒《ぼう》。

語源 語源《ごげん》にはいろいろな説《せつ》がある。食べ物を口《くち》へわたす「橋《はし》」から生《う》まれた、食べ物と口との間《あいだ》をわたす「間（はし）」の意味《いみ》から、鳥《とり》のクチバシを意味する「嘴《はし》」から、「ものをはさむ」という意味から生まれた、などという説がおもなものである。

使い方 妹《いもうと》はまだ小《ちい》さいのにはし使《づか》いがじょうずだ。

富士額《ふじびたい》

かみの毛《け》の生《は》えぎわが富士山《さん》のような形《かたち》に美《うつく》しくととのっている、女性《じょせい》の額《ひたい》。美人《びじん》の条件《じょうけん》の一《ひと》つ。

語源 額《ひたい》の髪《かみ》の生えぎわの形が、富士山のようであることから。

使い方 母《はは》は、富士額なので、日本髪《にほんがみ》を結《ゆ》うと、生えぎわがとても美しい。

目白《めじろ》おし

たくさんの人《ひと》やものが集《あつ》まってこみ合《あ》っていること。とくに大勢《おおぜい》の人がせまい場所《ばしょ》に並《なら》んでいること。

語源 「目白」は、目のまわりが白《しろ》くふちどりされている小鳥《ことり》。この鳥は、一か所《いっしょ》に何羽《なんわ》も集まってとまるところから。

使い方 開店《かいてん》セールで、店内《てんない》は客《きゃく》が目白おしの状態《じょうたい》だ。

おすなよ~。
こみ合っているな~。
おすな
メジロだ!

最中《もなか》

もち米《こめ》の粉《こな》をうすくのばして焼《や》いた二枚《にまい》の皮《かわ》の中《なか》に、あんこを入《い》れた和菓子《わがし》。

語源 江戸《えど》時代《じだい》からつくられた菓子《かし》で、形《かたち》が最中の月《つき》（十五夜《じゅうごや》の月）に似《に》ていたことから。「最中」は、「まん中」の意味《いみ》。おおよそ三十日《さんじゅうにち》で満《み》ち欠《か》けする月は、まん中の十五日目《め》で十五夜の満月《まんげつ》となり、「最中の月」ともいわれる。

使い方 おばあちゃんの大好物《だいこうぶつ》だった最中を、仏《ぶつ》だんにそなえた。

似ている……。

もぬけのから

家《いえ》や寝床《ねどこ》などから、いると思《おも》った人《ひと》がぬけ出《だ》していなくなっているようす。

語源 「もぬけ（蛻）」は、へびやせみが脱皮《だっぴ》すること。「もぬけのから」は、そのぬけがらのこと。からっぽのぬけがらを、いるべき人がいなくなったあとの状態《じょうたい》にたとえた。

使い方 宿題《しゅくだい》をやると言《い》っていたひろし君《くん》の部屋《へや》を、お母《かあ》さんがのぞいてみたら、遊《あそ》びに行《い》ってしまったらしく、もぬけのからだった。

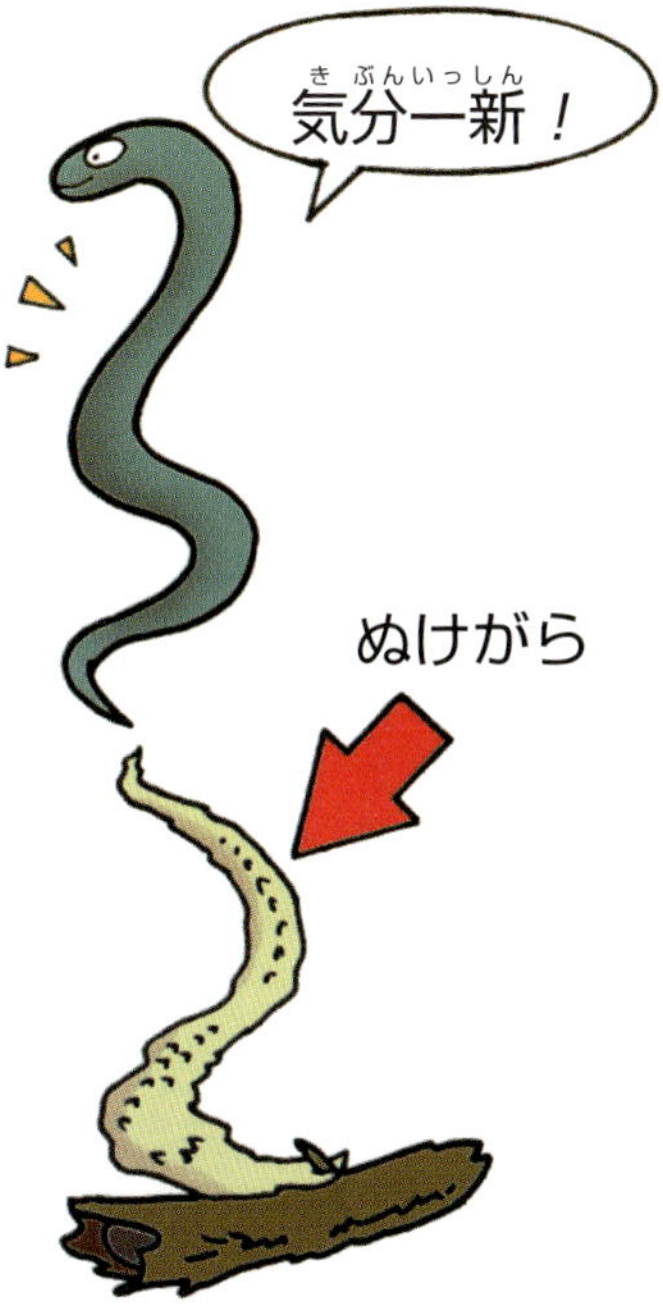

わしづかみ

手《て》の指《ゆび》をおもいきり広《ひろ》げて、らんぼうに物《もの》をつかみ取《と》ること。

語源 鳥《とり》のわし（鷲）が、えものをつかまえるとき、指を広げてあらあらしくつかみ取ることから。

使い方 銀行《ぎんこう》ごうとうが札《さつ》たばをわしづかみにしてにげたそうだ。

コラム

“モノマネことば”大集合《だいしゅうごう》！

身《み》のまわりには、形《かたち》・音《おと》・ようすなどをまねしたことばがたくさんあるんだ！ そんな〝モノマネことば〟を集《あつ》めたよ！

いもづるしき／芋蔓式

●意味《いみ》…一《ひと》つのことをきっかけに、関連《かんれん》するいろいろなことが出《で》てくること。

●何《なに》をマネしたの？

いもをほるとき、つるを引《ひ》っぱると、いもがぞろぞろと土《つち》の中《なか》からほり起《お》こされることから。

●使《つか》い方《かた》…万引《まんび》き犯《はん》を捕《つか》まえたら、仲間《なかま》がいもづる式《しき》に出てきて全員《ぜんいん》が捕まった。

うりざねがお／瓜実顔

●意味…色《いろ》が白《しろ》くて鼻筋《はなすじ》の通《とお》った、やや細長《ほそなが》い顔《かお》。

●何をマネしたの？

「瓜実」は、うりの種《たね》のこと。うりの種に似《に》ているから。

●使い方…きよしくんのお兄《にい》さんはうりざね顔だ。

たぬきねいり／狸寝入り

●意味…ねむっていないのに、ねたふりをすること。空寝《そらね》ともいう。

●何をマネしたの？

たぬきは、気《き》が小《ち》さいのでびっくりすると気絶《きぜつ》してしまうことがある。そのようすがわざとねているように見《み》えるから。

●使い方…お使《つか》いをたのまれたが、行《い》きたくなかったので、たぬきねいりをした。

だこう／蛇行

●意味…まがりくねって進《すす》むこと。

●何のモノマネかな？

ヘビが進むとき、体《からだ》をくねくねと動《うご》かすようすと似ているから。

●使い方…自転車《じてんしゃ》で蛇行はあぶないよ。

あいさつ かけごえのことば

人《ひと》と会《あ》ったときや別《わか》れるときに、言《い》うことばだよ！

ありがとう

お礼《れい》の気《き》持《も》ちや感謝《かんしゃ》の気持ちをあらわすことば。

語源 古《ふる》いことばの「ありがたし（有り難し＝めったにない）」から。めったにない幸運《こううん》を感謝する気持ちから生《う》まれた。

使い方 ご協力《きょうりょく》ありがとうございます。

西暦《せいれき》300X年《ねん》 宇宙《うちゅう》ステーション ミッション
惑星《わくせい》ジャバ
こちらジョンだ。これより惑星《わくせい》探査《たんさ》を開始《かいし》する。
自動着陸《じどうちゃくりく》システム正常《せいじょう》よ。いってらっしゃい。
んっ??
正常じゃなーいッ！落《お》ちる!!

うーん。
不時着《ふじちゃく》したのか……
シップはこわれたし、
こまった……
わ
こんにちは！
わたしは
この星《ほし》の王子《おうじ》で
ジャンと申《もう》します。
じつはシップが
こわれてしまって、
ステーションに帰《かえ》れません。
それはたいへんだ。
ぼくのパワーで
再生《さいせい》してみましょう！
ビビッ
ピカッ
わッ！
こんな経験《けいけん》、
めったに
ない！
ありがとう！
「めったにない（有《あ》り難《がた》い）」というようすから、ありがとうという感謝《かんしゃ》の気持《きも》ちをあらわすことばになったんだね。
さようなら！

いただきます

ごはんを食《た》べるときのあいさつのことば。

語源 「いただく（戴く）」は、頭《あたま》にのせる、頭の上《うえ》にかかげるという意味《いみ》。昔《むかし》、身分《みぶん》の高《たか》い人《ひと》からものをもらうとき、頭の上にもちあげたところから「もらう」意味になり、また、「もらう」「食べる」をへりくだっていう語《ご》になった。

使い方 全員《ぜんいん》でいただきますと言《い》って、給食《きゅうしょく》を食べる。

いただきます。

おはよう

朝《あさ》、人に会《あ》ったときのあいさつのことば。ていねいに言うときは「おはようございます」。

語源 もともとは、「お早《はや》いですね」と、相手《あいて》が自分《じぶん》より早く起《お》きて、よく働《はたら》いていることについてのあいさつ。いつしか「おはやい」が「おはよう」に変《か》わった。

使い方 朝、学校《がっこう》へ行《い》くとちゅう、「おはよう」と言って、先生《せんせい》がバイクでぼくたちを追《お》いこしていった。

お早いですね！

ごめんなさい

悪《わる》いことをして、あやまるときに言《い》うことば。

語源 「めん（免）」は「許《ゆる》す」という意味《いみ》で、それにていねいな気《き》持《も》ちをあらわす「ご（御）」がついたもの。失敗《しっぱい》したときなどに、「お許しください」という気持ちで言うことば。

使い方 お姉《ねえ》ちゃんの手鏡《てかがみ》を割《わ》ってしまい、「ごめんなさい」とあやまって許してもらった。

こんにちは

昼間《ひるま》のあいさつのことば。

語源 「今日《こんにち》はよい日《ひ》でございますね」「今日はごきげんいかがですか」などの「今日は」以下《いか》を省略《しょうりゃく》したもの。昔《むかし》の人《ひと》は、おたがい、無《ぶ》事《じ》一日《いちにち》が過《す》ごせることを、ことばをかけて喜《よろこ》び合《あ》っていた。

使い方 昼間コンビニに行《い》ったら、「こんにちは」とあいさつをされた。※「こんにちわ」と書《か》かないこと。

さようなら

人《ひと》と別《わか》れるときのあいさつのことば。

語源 「さようなら」は漢字《かんじ》で書《か》くと「左《さ》（然）様《よう》なら」で、「そういうことならば」という意味《いみ》。「左様ならばまたお目《め》にかかりましょう」とか、「左様ならばお別れしましょう」などと昔《むかし》の人は言《い》っていたが、後《あと》の部分《ぶぶん》が省略《しょうりゃく》されて「さようなら」と言うようになった。

使い方 全員《ぜんいん》起立《きりつ》して、「さようなら」と言って教室《きょうしつ》をあとにした。

左様ならば……。

もしもし

人に呼《よ》びかけるときのことば。とくに電話《でんわ》で話《はな》すときに多《おお》く使《つか》われる。

語源 「もしもし」は、「申《もう》し申し」を短《みじか》くしたもの。「申し」のもとの「申す」は、言うをへりくだっていうことばで、申し上《あ》げますの意味。

使い方 もしもし、お父様《とうさま》はいらっしゃいますか。

参照《さんしょう》→二一七ページ

申し申し。
自動電話

コラム

なぜ「朝顔《あさがお》」というの？ 植物《しょくぶつ》の名前《なまえ》の語源《ごげん》

きみは、植物の「朝顔」を育《そだ》てたことがあるかい？

朝顔は、朝に花《はな》がさき、昼《ひる》にしぼむ。そこから、朝顔と呼《よ》ばれるようになったんだ。また、花を人間《にんげん》の顔《かお》にたとえて、「朝に美《うつく》しい顔」という意味《いみ》から名《な》づけられたという説《せつ》もあるよ。

ここでは、植物の名前の語源をしょうかいするよ！

きゅうり（胡瓜）……「胡瓜」という漢字《かんじ》は、中国《ちゅうごく》での書《か》き方《かた》。日本《にっぽん》では、昔《むかし》は黄色《きいろ》くじゅくした実《み》を食《た》べていたことから、「黄色い瓜《うり》」という意味で「キウリ」と呼ばれていたんだよ。

いよかん（伊予柑）……「いよ（伊予）」は、現在《げんざい》の愛媛県《えひめけん》の古《ふる》い国名《こくめい》。明治時代《めいじじだい》の中《なか》ごろに、この果物《くだもの》が愛媛県から日本全国《ぜんこく》にだんだんと知《し》られるようになったからなんだ。

にんにく（大蒜）……食べると、息《いき》がくさくてこまっちゃうよね。その名も、「においをにくむ」を略《りゃく》して「にんにく」となったという説、くさいにおいをがまんするというところから、がまんするという意味の仏教語《ぶっきょうご》「にんにく（忍辱）」と関係《かんけい》があるのではないかという説もあるんだよ。

しろつめくさ（白詰草）……ヨーロッパから来《き》たマメ科《か》の植物だよ。「つめくさ」とも言《い》うんだけど、物《もの》を箱《はこ》づめにするとき、動《うご》かないように間《あいだ》につめるものとして使《つか》われていたからそう呼ばれるようになったんだ。英語《えいご》では「クローバー」といい、四《よ》つ葉《ば》のクローバーは幸《しあわ》せを呼ぶとされているんだ。

文《ぶん》化《か》と伝《でん》統《とう》からできたことば

人間《にんげん》が
つくりだした
文化や伝統などに
由来《ゆらい》する
ことばだよ！

昔話《むかしばなし》言《い》い伝《つた》えからできたことば

日本《にっぽん》や東洋《とうよう》の昔話や言い伝えからできたよ！

おいてきぼり

みんな先《さき》に行《い》ってしまって、一人《ひとり》だけ取《と》り残《のこ》されること。置《お》き去《ざ》りにされること。「おいてけぼり」とも言《い》う。

語源 江戸《えど》の本所《ほんじょ》（※）にあったと言い伝えられている「置いてけ堀《ぼり》」の話《はなし》から。

使い方 走《はし》るのがおそいせいで、みんなからおいてきぼりを食《く》らってしまった。

おもしろいようにつれるわい。
江戸時代《じだい》
みんな帰《かえ》ってしまったのか。では、わしもこのへんで……
コザッザ
おいてけ～
近《ちか》ごろうわさのようかいか？

※今《いま》の東京都《とうきょうと》墨田区《すみだく》内《ない》

鬼《おに》が出《で》るか、蛇《じゃ》が出るか。いざ勝負《しょうぶ》！
でるぞ〜…
びちゃっ
おいてけ〜
ホントにでたーーっ
ハアハア
フウフウ
ヒィーッ
もどったぞ！

江戸の本所に伝《つた》わる七《なな》つの不思議《ふしぎ》を、一般《いっぱん》に「本所七不思議」という。「置いてけ堀」はその一《ひと》つだ。ほかに、「消《き》えずの行灯《あんどん》」「足洗《あしあら》い屋敷《やしき》」「送《おく》り提灯《ちょうちん》」「片葉《かたは》の葦《あし》」「馬鹿囃子《ばかばやし》（狸囃子《たぬきばやし》）」「落《お》ち葉《ば》なしの椎《しい》」「津軽《つがる》の太鼓《たいこ》」がある。

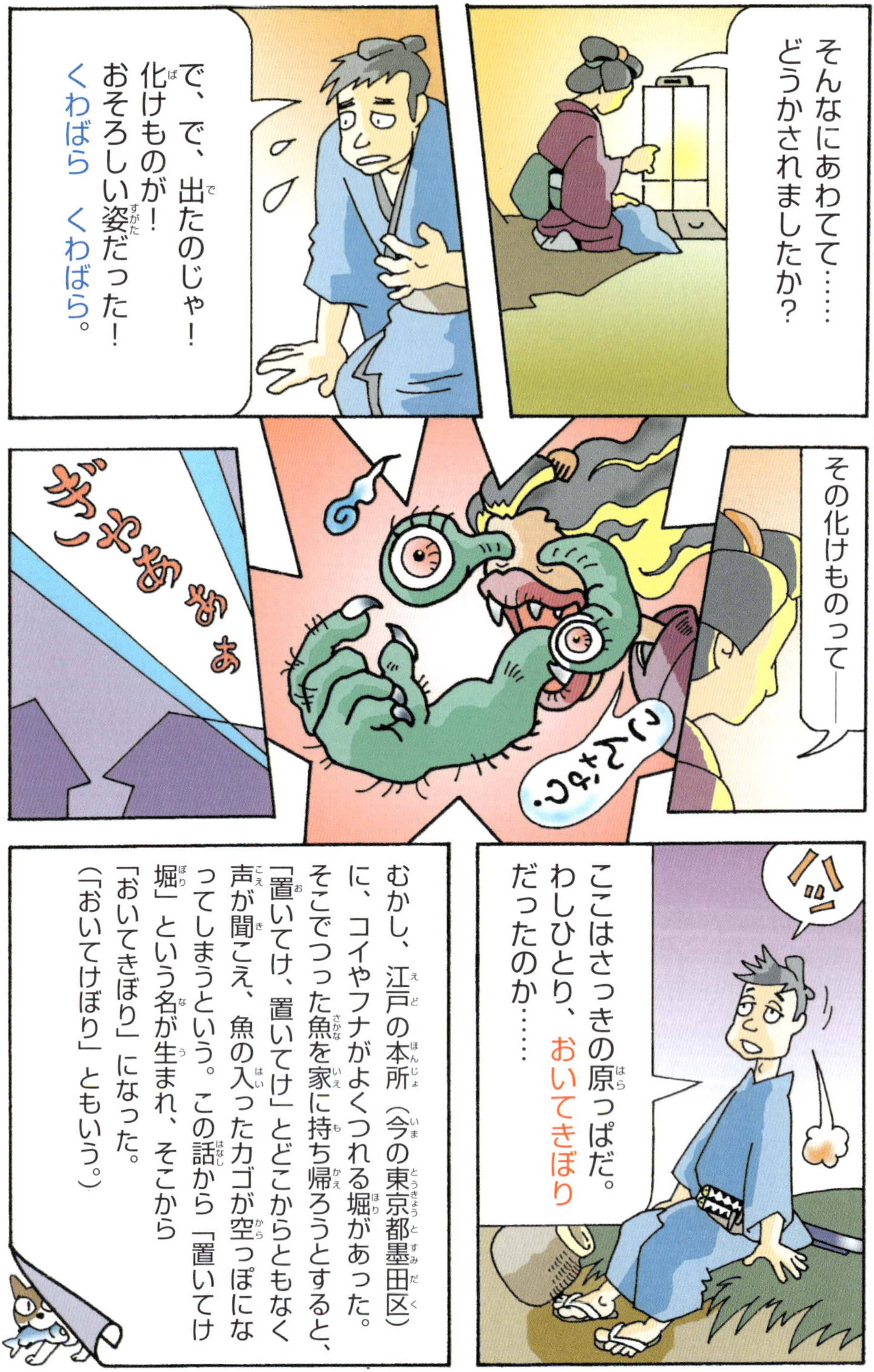

そんなにあわてて……どうかされましたか？

で、で、出《で》たのじゃ！

化《ば》けものが！

おそろしい姿《すがた》だった！

くわばら　くわばら。

その化けものって――

こんな？

ぎゃあぁぁ
ハッ
ここはさっきの原《はら》っぱだ。わしひとり、おいてきぼりだったのか……

むかし、江戸《えど》の本所《ほんじょ》（今《いま》の東京都墨田区《とうきょうとすみだく》）に、コイやフナがよくつれる堀《ほり》があった。そこでつった魚《さかな》を家《いえ》に持《も》ち帰《かえ》ろうとすると、「置《お》いてけ、置いてけ」とどこからともなく声《こえ》が聞《き》こえ、魚の入《はい》ったカゴが空《から》っぽになってしまうという。この話《はなし》から「置いてけ堀《ぼり》」という名《な》が生《う》まれ、そこから「おいてきぼり」になった。（「おいてけぼり」ともいう。）

油断《ゆだん》

気《き》をゆるして、必要《ひつよう》な注意《ちゅうい》をおこたること。

語源

語源《ごげん》はよくわかっていないが、次《つぎ》の説《せつ》が一般的《いっぱんてき》。仏教《ぶっきょう》のお経《きょう》の『涅槃経《ねはんぎょう》』にある話《はなし》で、油《あぶら》がいっぱいに入《はい》ったはちを持《も》たされた臣下《しんか》が、王《おう》に「油一滴《いってき》でもこぼせば命《いのち》を断《た》つ」といわれ、必《ひっ》死《し》の思《おも》いで一滴もこぼさず歩《ある》いたという話から。

使い方

油断したすきに、えものににげられてしまった。

昔《むかし》むかし、インドにとてもきびしい王様《おうさま》がいました。

そこの衛兵《えいへい》、あくびをしたな！

していません。濡《ぬ》れ衣《ぎぬ》です。おゆるしを！

わかった、命《いのち》だけは助《たす》けてやろう。

ただし……

なみなみ
あそこに、油《あぶら》がいっぱい入《はい》ったはちがある。あれを一《ひと》しずくもこぼさずに運《はこ》んだらゆるそう。

なんと！そんなむずかしいこと。とてもムリですよ。

え〜い、うるさい！ここから油の倉《くら》まで運ぶのだぞ！

ハイ

王様《おうさま》に、
「命《いのち》を断《た》つぞ」と言《い》われ、
油《あぶら》がいっぱい入《はい》った
はちを持《も》ち、
必死《ひっし》の思《おも》いで歩《ある》いた。
そぉ――!
そこから
油断《ゆだん》という
ことばが
できたんだ。
ゆるす
はは―っ
こわい話《はなし》だったのに、
「気《き》をゆるめる」って意味《いみ》に
変《か》わっちゃったのか。
そーね
渋滞《じゅうたい》から
ぬけたぞ。
すとととと
あれ.
FULL
EMPTY
しまった!
ガス欠《けつ》だ!!

パパ、油断《ゆだん》しちゃ、ダメじゃない！
ガソリンを入《い》れるのを忘《わす》れたんだ。
パパもママも、けんかしないで。
こういうときは、ガソリンを出前《でまえ》してもらうのさ。
ほら、すぐに来《き》ただろ♪
ティング！
おまたせしました。料金《りょうきん》は十万円《じゅうまんえん》です。
ウソッ？高《たか》い！
ごめん。
ママが完全《かんぜん》に鬼《おに》になってる……

鬼《おに》

形《かたち》は人《ひと》に似《に》て角《つの》ときばを持《も》ち、力《ちから》が強《つよ》くおそろしい、想像上《そうぞうじょう》の生《い》き物《もの》。きびしい人や情《なさ》けがないことのたとえにもする。

語源 「おに」は「おん（隠）」が変化《へんか》したもの。隠は姿《すがた》が見《み》えないという意味《いみ》で、かくれていて、人にわざわいをもたらすものという意味。漢字《かんじ》の「鬼」は、中国《ちゅうごく》では死《し》んだ人のたましいという意味だが、どちらもかくれて見えないものをいうことから、この字《じ》があてられたと考《かんが》えられている。

使い方 父《ちち》は仕事《しごと》の鬼だ。

くしゃみ

鼻《はな》がむずむずして、急《きゅう》に音《おと》をたてて息《いき》をはき出《だ》すこと。

語源 昔《むかし》は、くしゃみをすると早死《はやじ》にすると信《しん》じられていたので、くしゃみをしたあとに「くさめ、くさめ」とじゅもんをとなえていたことから。「くさめ」は、くそ食《く》らえという意味の「くそはめ」がもとになっているといわれる。

使い方 だれかにうわさ話《ばなし》をされていると、くしゃみがでるという言《い》い伝《つた》えがある。

くわばら くわばら

災難《さいなん》やいやなことをさけるためのまじないのことば。

語源 もとは落雷《らくらい》にあうのをふせぐためのじゅもんだった。昔《むかし》、菅原道真《すがわらみちざね》がおとしいれられて亡《な》くなったとき、いろいろな場所《ばしょ》に雷《かみなり》が落《お》ち、たたりと恐《おそ》れられた。しかし、道真の領地《りょうち》の「桑原《くわばら》」には一度《いちど》も落ちなかったということから。

使い方 おじいちゃんはよく、「くわばら、くわばら」と、となえている。

桑原に雷が落ちなかったぞ。
エヘン

けんか

争《あらそ》うこと。とくに、相手《あいて》と言《い》いあいをしたり、なぐりあったりすること。

語源 もともとは中国《ちゅうごく》のことば。中国では「やかましく言いさわぐ」という意味《いみ》で使《つか》われていた。「あらそい」の意味は日本《にっぽん》でしか使われず、平安《へいあん》時代《じだい》のころに生《う》まれた。

使い方 お兄《にい》ちゃんとは仲《なか》がいいが、よくけんかもする。

やかましいな～。

白羽《しらは》の矢《や》が立《た》つ

たくさんの人《ひと》の中《なか》から選《えら》ばれること。

語源 もともとは、たくさんの人の中から「ぎせい者《しゃ》」として選ばれる意味《いみ》だった。昔《むかし》、いけにえを求《もと》める神《かみ》の心《こころ》によって、白《しろ》い羽《はね》の矢が飛《と》んできて、気《き》に入《い》った少女《しょうじょ》の家《いえ》の屋根《やね》に立ったという言《い》い伝《つた》えから。

使い方 学級委員《がっきゅういいん》として、まさ子《こ》さんに白羽の矢が立った。

てんぐ（天狗）

昔《むかし》、山奥《やまおく》に住《す》んでいると信《しん》じられていた、赤《あか》い顔《かお》で鼻《はな》がとても高《たか》い生《い》き物《もの》。山伏《やまぶし》の姿《すがた》をして大《おお》きな羽うちわを持《も》ち、背中《せなか》のつばさで空《そら》を自由《じゆう》に飛ぶことができる。

語源 昔の中国《ちゅうごく》で、ほうき星《ぼし》や流《なが》れ星をいったもの。ほうき星が現《あらわ》れると不吉《ふきつ》なことが起《お》こることから、空を飛ぶ怪物《かいぶつ》を連想《れんそう》したものといわれている。

使い方 弟《おとうと》は、ちょっとほめられると、すぐにてんぐになる。（＝うぬぼれる。※じまんに思《おも》うことを「鼻が高い」ということから）

濡《ぬ》れ衣《ぎぬ》

何《なに》も悪《わる》いことをしていないのに、罪《つみ》があるとされること。無実《むじつ》の罪。

語源 平安時代《へいあんじだい》ごろにできたことば。先妻《せんさい》の娘《むすめ》が美《うつく》しいのをねたんだ継母《ままはは》が、娘の部屋《へや》にこっそりと漁師《りょうし》が着《き》るような衣《ころも》を海水《かいすい》に濡らして置《お》いておき、夫《おっと》に「娘がこっそり若《わか》い漁師とつきあっている」とつげた。夫はそれを見《み》ておこり、話《はなし》も聞《き》かずに娘を殺《ころ》してしまったという伝説《でんせつ》から。

使い方 おじいちゃんの大切《たいせつ》にしていたぼんさいを折《お》ったと、濡れ衣を着せられた。

まゆつばもの

本当《ほんとう》かどうかうたがわしいこと。

語源 まゆ（眉）につば（唾）をつけておけば、きつねやたぬきなどに化《ば》かされないですむ、という言《い》い伝《つた》えから。

使い方 かれの話はいつも大《おお》げさで、まゆつばものだ。

コラム

昔《むかし》と今《いま》で意味《いみ》が変《か》わったことば・パート2

ここでは今と昔を比《くら》べてみて、意味のちがうことばを集《あつ》めたんだ。次《つぎ》のことばは、昔、どのような意味で使《つか》われていたのか、わかるかな？

問1　まもる
○現代《げんだい》と昔で共通《きょうつう》の意味……守《まも》る
●昔だけの意味…（　　）

問2　むつかし
○現代の意味…困難《こんなん》だ、わかりにくい
●昔の意味…（　　）

問3　めでたし
○現代の意味…喜《よろこ》ばしい
●昔の意味…（　　）

問4　やがて
○現代の意味…まもなく
●昔の意味…（　　）

問5　うつくし
○現代の意味…美《うつく》しい
●昔の意味…（　　）

問6　かたち
○現代の意味…ものの形《かたち》
●昔の意味…（　　）

正解《せいかい》
1 じっと見《み》つめる
2 気味《きみ》が悪《わる》い、めんどうだ
3 すばらしい、見事《みごと》だ
4 そのまま、すぐに
5 かわいい、立派《りっぱ》だ
6 顔《かお》つきやすがた

社会《しゃかい》のしくみ きまりごと からできたことば

いろいろな制度《せいど》からできたことばをしょうかいするよ！

秀才《しゅうさい》

すぐれた才能《さいのう》の持《も》ち主《ぬし》。学問《がくもん》などに特《とく》にすぐれた人《ひと》。

語源 昔《むかし》の中国《ちゅうごく》で、国《くに》の仕事《しごと》をする役人《やくにん》になる試験《しけん》を「科挙《かきょ》」と言《い》った。その試験の科目《かもく》の一《ひと》つが秀才で、その試験の合格者《ごうかくしゃ》のこともいった。のちに、学問にすぐれた人のことを指《さ》すようになった。

使い方 ぼくの算数《さんすう》の先生《せんせい》は、子《こ》どものころから秀才とよばれていたそうだ。

昔の中国には、きびしい試験制度があった。
一生《いっしょう》けんめい勉強《べんきょう》してきた。
試験場
手《て》ぬかりはないはず。
成績《せいせき》は、先生の折《お》り紙《がみ》つきだ。
「手ぬかり」とは、不十分《ふじゅうぶん》な点《てん》などがあること。

いよいよだ！
では開始《かいし》!!
うーむ……最後《さいご》の問題《もんだい》がわからない。土《ど》たん場《ば》になってピンチだ！
そこまで！
終了《しゅうりょう》する。試験《しけん》の合格者《ごうかくしゃ》の発表《はっぴょう》は後日《ごじつ》！
むずかし～。
は～～…
つかれた～。
ヘタヘタ

数日後《すうじつご》
合格者《ごうかくしゃ》は、清竜《せいりゅう》、許福《きょふく》……
はい
はい
そして、王真《おうしん》以上《いじょう》!
ヤッター!
君《きみ》たち合格者を秀才《しゅうさい》と呼ぶ。
これからは引《ひ》っぱりだこになるぞ。
がんばります
昔《むかし》むかしの中国《ちゅうごく》では、試験《しけん》の一科目《いちかもく》を秀才といい、その合格者のこともいった。そこから学問《がくもん》にひいでた人《ひと》のことを指《さ》すようになった。
合格するぞ
それから十年間《じゅうねんかん》、王真はもっともっと勉強《べんきょう》し、えらくなった。
ひさしぶり。元気《げんき》か?
ハハ…
王真か! ずいぶんと貫禄《かんろく》がついたな。

落《お》ち度《ど》

失敗《しっぱい》。あやまち。手落《てお》ち。

語源 昔《むかし》、交通《こうつう》の大事《だいじ》な所《ところ》や国境《くにざかい》にもうけて通行人《つうこうにん》を取《と》りしまった関所《せきしょ》を、身分証明書《みぶんしょうめいしょ》を持《も》たずに通《とお》ったりする関所破《やぶ》りのことを、「越度《おつど》」といった。これがのちに変化《へんか》して「おちど」になり、「失敗」の意味《いみ》が生《う》まれた。

使い方 自分《じぶん》の落ち度をたなに上《あ》げて、他人《たにん》をせめる。

関所
コラー！

おとぎ話《ばなし》

おとなが子《こ》どもに聞《き》かせるための、昔話《むかしばなし》や言い伝《つた》え。また、現実《げんじつ》とかけはなれた話《はなし》。

語源 「おとぎ」とは、身分《みぶん》の高《たか》い人《ひと》の話《はな》し相《あい》手《て》をして、たいくつをまぎらすことで、その話をおとぎ話といった。それとは別《べつ》に、江戸時代《えどじだい》の中《ちゅう》期《き》、「御伽草子《おとぎぞうし》」という昔話集《しゅう》が出版《しゅっぱん》され、よく売《う》れたところから、子どもむきの昔話の名前《なまえ》になった。

使い方 小《ちい》さいとき、ねる前《まえ》におばあさんからおとぎ話を聞かせてもらっていた。

昔、あるところに……

折《お》り紙《がみ》つき

人物《じんぶつ》や品物《しなもの》がたしかなものだという証明《しょうめい》がついていること。また、そのようなもの。

語源 二《ふた》つに折った紙《かみ》を「折り紙」といった。役所《やくしょ》の出《だ》す公文書《こうぶんしょ》などに使《つか》われ、のちには刀《かたな》や美《び》術品《じゅつひん》の鑑定書《かんていしょ》にも用《もち》いられた。多《おお》くの証明書として使われたところから、「折り紙」のついたものが信用《しんよう》できるもの、保証《ほしょう》するという意味《いみ》になった。

使い方 姉《あね》の英会話《えいかいわ》の能力《のうりょく》は、折り紙つきである。

貫禄《かんろく》

身《み》にそなわった、どっしりと落《お》ちつきのあるようす。

語源 「貫」は、どれくらいの領地《りょうち》をもっているかを示《しめ》す単位《たんい》。「禄」は、武士《ぶし》の給料《きゅうりょう》のこと。「貫禄」は、武士のねうちを示すことばだったことから、いげんのある、どっしりとしたようすをあらわすことばとして使われるようになった。

使い方 社長《しゃちょう》としての貫禄を見《み》せる。

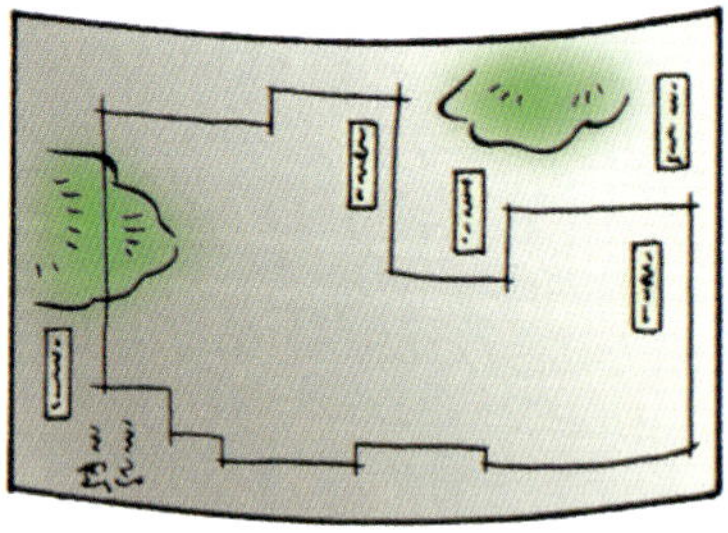

貫

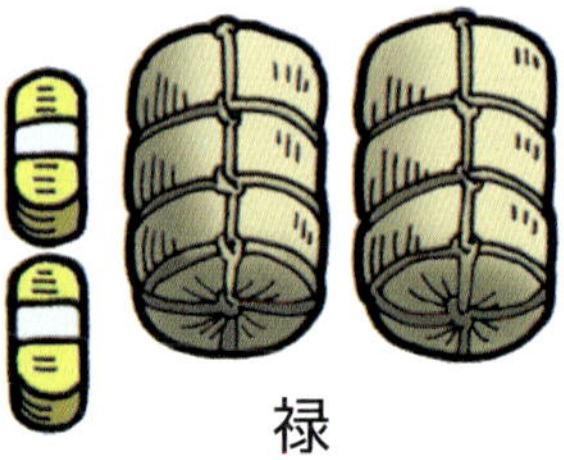

禄

土《ど》たん場《ば》

追《お》いつめられて、最後《さいご》の決断《けつだん》をせまられる場面《ばめん》。

語源 「土壇《どだん》」とは、土《つち》でつくっただんのこと。江戸時代《えどじだい》には、そこで首切《くびき》りの刑《けい》を行《おこな》ったところから、首切りの刑を行う場所《ばしょ》を「どたんば」といい、ここから、これ以上《いじょう》どうすることもできない、せっぱつまった場面を意味《いみ》するようになった。

使い方 計画《けいかく》が打《う》ち切《き》られるかもしれないという、土たん場の状況《じょうきょう》に追《お》いこまれた。

土だん

問《とん》屋《や》

品物《しなもの》をつくる人《ひと》からいろいろな品物を買《か》い集《あつ》め、小売《こう》り店《てん》に売《う》ることを仕事《しごと》にしている人や店《みせ》。

語源 鎌倉《かまくら》・室町時代《むろまちじだい》、年貢米《ねんぐまい》を保管《ほかん》・輸送《ゆそう》する人を「問職《といしき》」といった。のちに、港《みなと》などで船《ふね》を使《つか》った輸送などをするようになると「問丸《といまる》」といわれ、さらに宿屋《やどや》をひらくなど、手広《てびろ》く商売《しょうばい》を行う「問屋」へと発展《はってん》していった。

使い方 うちはお菓子《かし》の問屋なので、全国《ぜんこく》のお菓子がたくさんある。

引《ひ》っぱりだこ

人気《にんき》があって、多《おお》くの人《ひと》からほしがられること。また、人気のある人や物《もの》。

語源 たこの干物《ひもの》をつくるときは、八本《はっぽん》の足《あし》を引っぱって広《ひろ》げてほす。このようすから、もとは手《て》足を広げてしばられるはりつけの刑《けい》のことをいった。のちに人気があって、多くの人から、自分《じぶん》の側《がわ》に引き入《い》れようとして引っぱられるという意味《いみ》に使《つか》われるようになった。

使い方 サッカーの上手《じょうず》な校長先生《こうちょうせんせい》は、休《やす》み時間《じかん》になるとみんなの引っぱりだこになる。

イタタタタ……。

目安《めやす》

だいたいの見当《けんとう》や目当《めあ》て。

語源 「目に安い」で、もともとは「見《み》やすい」という意味。そこから、見やすくするためにかじょう書《が》きにした文書《ぶんしょ》をいうようになり、とくにうったえを書《か》いた文章《ぶんしょう》を「目安」といった。のちに、一目《ひとめ》見《み》てすぐにわかるという意味で、そろばんの位取《くらいど》りの印《しるし》をいうようになり、だいたいの見当をつけるという意味は、そこからきている。

使い方 父は一日五万歩《いちにちごまんぽ》を目安に歩《ある》いている。

位取りがすぐにわかる。

コラム 漢字《かんじ》と語源《ごげん》

一《ひと》つの漢字には、たくさんの意味《いみ》があるのを知《し》ってるかな？

しんせつ／親切

「思《おも》いやりがふかい」「まごころをこめて人《ひと》につくす」という意味だけど、どうして「親《おや》を切《き》る」と書《か》くのかな。「親」という漢字には「おとうさん、おかあさん」という意味だけでなく、「したしい、ちかい」という意味もあるんだ。「切」という漢字には「ぴったりとくっつく」という意味がある。そこで「親切」と書いて「ぴったりくっついて、親《した》しくする」という意味になるんだよ。

へたのよこずき／下手の横好き

下手なくせに、あるものごとを好《この》むことを「下手の横好き」というよ。「横」には「好きかって、わがまま」という意味があるから、「横好き」の「横」はここから使《つか》われたのだろうね。

へそをまげる／へそを曲げる

きげんを悪《わる》くして素直《すなお》でなくなることを「へそを曲げる」というね。「曲《きょく》」には「ひねくれている、ねじまがっている」という意味があるから、ここから「曲げる」というと考《かんが》えられるよ。

ずにのる／図に乗る

思いどおりにことが運《はこ》び、調子《ちょうし》に乗っていい気《き》になる、という意味だ。「図に乗る」というと、地図《ちず》や図面《ずめん》の上《うえ》に乗るように思っちゃうね。「図」には「はかりごと、計画《けいかく》」という意味、また、「乗《じょう》」には「機会につけこむ」という意味があるよ。ここから、「図に乗る」ということばが生《う》まれたんだね。

せつじょく／雪辱

「雪」というと、空《そら》から降《ふ》ってくる白《しろ》い雪《ゆき》が思い浮《う》かぶね。でも「雪」には「汚《よご》れをとりさってきれいにする」という意味もある。ここから、「受《う》けた恥《はじ》をとりさって、名誉《めいよ》をとりもどす」ことを「雪辱」というよ。

武芸《ぶげい》・戦《たたか》いからできたことば

武士《ぶし》が登場《とうじょう》してからできたことばだよ!

先《さき》がけ

同《おな》じなかまの中《なか》で、いちばん早《はや》くものごとをはじめること。一番乗《いちばんの》りすること。また、そのような人《ひと》。

語源 戦場《せんじょう》で、先頭《せんとう》に立《た》って一番《いちばん》に敵陣《てきじん》にせめこむことを「先がけ」といったことから。

使い方 二十年前《にじゅうねんまえ》には、父《ちち》は、サーファーの先がけで、当時《とうじ》みんなからめずらしがられていた。

平安時代《へいあんじだい》
お屋形《やかた》さま!(※)もはや、戦《いくさ》はさけられません。
ウム
いざ出陣《しゅつじん》じゃ!
オーッ
一《いっ》か月後《げつご》
ついに戦いの火《ひ》ぶたが切《き》って落《お》とされるのか……

※昔《むかし》、貴族《きぞく》などが住《す》んだ大《おお》きな家《いえ》のことを「屋形」といった。この屋形に住む主君《しゅくん》を、「お屋形さま」とよんだ。(「館《やかた》」とも書《か》く。)

おそれながら……
わたしが先頭《せんとう》に
立《た》ち、敵陣《てきじん》に
切《き》りこみます。
あいゆるす。
おまえとは馬《うま》が合《あ》う！
たのむぞ！
ヒン！
合戦《かっせん》の日《ひ》
進《すす》めーッ！
わたしが
一番《いちばん》乗《の》りだ！

ワー
ワー
ワー
ココ!
先《さき》がけがくるぞ!
戦場《せんじょう》で先頭《せんとう》に立《た》ち、一番《いちばん》に敵陣《てきじん》にせめこむことを「先がけ」といったことから、一番早《はや》くものごとをはじめるという意味《いみ》になったんだ。
いちばーん
へへへ、手《て》ぐすね引《ひ》いて待《ま》ってたぞ。
先がけなぞ、さっさとけちらせ!
あれれれ?
やー
とう
ひゃー
コラーッ
敵《み》に後《うし》ろを見せるなー!
わ
てごわい
やーと

昔《むかし》むかし
キリ
キリ
グッ
ゴクリ
ビィ
ン
ぱちん

的《まと》を射《い》る

物事《ものごと》の要点《ようてん》や本質《ほんしつ》を的確《てきかく》にとらえる。

語源 「的」は、弓《ゆみ》で矢《や》を射るときの目当《めあ》て。目標《もくひょう》。射た矢がそれに当《あ》たることから、一番大事《いちばんだいじ》なことをとらえるという意味《いみ》になった。

※「的を得る」とまちがえないこと。

使い方 学級会《がっきゅうかい》で発言《はつげん》をしたら、先生《せんせい》に「的を射た意見《いけん》だね」とほめられた。

的《まと》はずれじゃのう。
ぷっ
矢《や》は、まだいっぱいある。どれかは当《あ》たるはず。
こらー！
数打《かずう》ちゃ当たるわけでもない！
そーゆーのを「矢つぎ早《ばや》に」というんじゃ。
ピシピシ
おこられた。これも身《み》から出《で》たさびか……

矢《や》を射《い》るときに大切《たいせつ》なことは何《なん》だ？よーく考《かんが》えなさい。

大切なのは……

地道《じみち》な努力《どりょく》か？

大切な矢……

満《まん》を持《じ》して。

おみごと
あっわかった！

おそれながら、矢を射るときに大切なことは、一本《いっぽん》の矢しかないと考えて、射る集中力《しゅうちゅうりょく》です。

うん。じつに的《まと》を射た答《こた》えじゃ！「初心《しょしん》の人《ひと》二《ふた》つの矢を持《も》つことなかれ」じゃ。

射た矢《や》が的に当《あ》たることから、ものごとの一番大事《いちばんだいじ》なことをとらえるという意味《いみ》になったんだ。反対《はんたい》に、見当《けんとう》ちがいのときは「的をはずす」とか「的はずれ」っていうよ。

一本槍《いっぽんやり》

一《ひと》つの方法《ほうほう》や技《わざ》で最後《さいご》までやりとおすこと。

語源 戦場《せんじょう》で、やり一本《いっぽん》だけを持《も》った下級《かきゅう》の武士《ぶし》が、やりの一つきで、勝負《しょうぶ》をつけたという話《はなし》から。

使い方 あのピッチャーは、ストレート一本槍でおし通《とお》す。

馬《うま》が合《あ》う

気《き》が合う。二人《ふたり》の気持《きも》ちがぴったりと合う。

語源 乗馬《じょうば》で、馬と馬に乗《の》る人《ひと》の呼吸《こきゅう》がぴったりと合うことから。

使い方 転校生《てんこうせい》のけい子《こ》さんとわたしは、はじめて会《あ》ったときから馬が合った。

裏《うら》をかく

相手《あいて》の考《かんが》えになさそうなことをして、出《だ》しぬくこと。

語源 やりや矢《や》などが、物《もの》をつらぬいて、その裏までつき出《で》ることから、予想外《よそうがい》のことをするという意味《いみ》が生《う》まれた。

使い方 いつもよりゆっくりせめて、相手チームの裏をかく作戦《さくせん》がみごとに成功《せいこう》した。

おおわらわ

ものごとを力《ちから》の限《かぎ》りやること。あわただしく、一生《いっしょう》けんめいなようす。

語源 「おおわらわ」は、漢字《かんじ》では「大童」と書く。昔《むかし》の子《こ》ども（童《わらわ》）は、髪《かみ》の毛《け》を束《たば》ねないで、おかっぱのような髪形《かみがた》をしていた。戦場《せんじょう》で、髪をふりみだしてけんめいに戦《たたか》う兵士《へいし》の髪が、子どもの髪形のように見《み》え、大《おお》きな童ということから、この意味ができた。

使い方 学芸会《がくげいかい》の準備《じゅんび》におおわらわだった。

お開《ひら》き

会合《かいごう》やえん会《かい》などを終《お》わりにすること。

語源 もともとは、戦《たたか》いのときに使《つか》われたことば。「にげる」ということばが縁《えん》起《ぎ》が悪《わる》いことから、そのかわりに使われた。のちに、会合やえん会を「終わる」「閉《と》じる」のかわりに使われるようになった。

使い方 時《じ》間《かん》も過《す》ぎましたので、このへんでお開きにします。

かけ引《ひ》き

商売《しょうばい》や話《はな》し合《あ》いのとき、相《あい》手《て》の出方《でかた》を見《み》ながら、自分《じぶん》が有利《ゆうり》になるように、上手《じょうず》に物事《ものごと》を進《すす》めること。

語源 もとは、馬《うま》を前進《ぜんしん》させたり（駆《か》ける）、退《ひ》かせたりする意味《いみ》だったが、のちに戦場《せんじょう》で使うことばになり、敵《てき》の出方を見ながらこうげきしたり後退《こうたい》したりする意味で「かけ引き」という語《ご》が使われ、現在《げんざい》の意味になった。

使い方 わたしのおじさんは商売上《じょう》のかけ引きがうまい。

切《き》り返《かえ》す

相手《あいて》の出方《でかた》に対《たい》して、すばやくやり返す。

語源 昔《むかし》、武士同士《ぶしどうし》の戦《たたか》いで、刀《かたな》で切りかかってきた相手に、すかさず切りつけたことから。

使い方 女子《じょし》をからかったら、すかさず切り返された。

口火《くちび》を切《き》る

物事《ものごと》のきっかけをつくる。まっ先《さき》に始《はじ》める。

語源 もともとは、火《ひ》なわ銃《じゅう》やばく薬《やく》などに火をつける意味《いみ》だったが、小《ちい》さな口火をつけることで大《だい》ばく発《はつ》を起《お》こすことから、「きっかけ」を意味するようになった。

使い方 たけしくんが、討論会《とうろんかい》の口火を切って発言《はつげん》した。

しのぎをけずる

たがいにはげしく争《あらそ》う。

語源 「しのぎ（鎬）」は、刀《かたな》の刃《は》とみねの真《ま》ん中《なか》の高《たか》くなった部分《ぶぶん》。両方《りょうほう》の刀の「しのぎ」の部分がふれ合《あ》って、まるでしのぎをけずり落《お》とそうとしているように、はげしく戦《たたか》うことからできたことば。

使い方 しのぎをけずるはげしい決勝戦《けっしょうせん》になった。

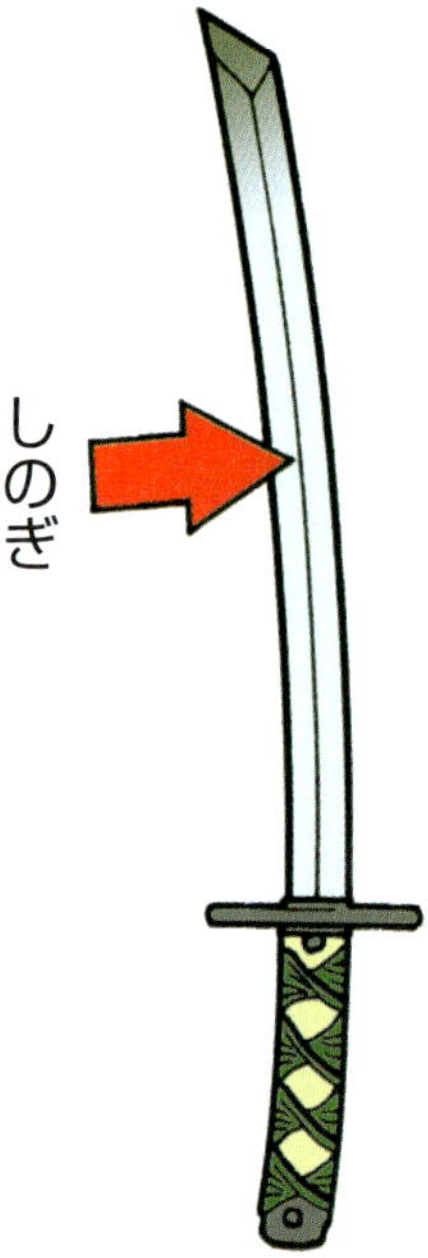

地《じ》道《みち》

危険《きけん》なことをせず、着実《ちゃくじつ》に物事《ものごと》をすること。

語源 もとは、馬《うま》をふつうの速《はや》さで進《すす》めること。急《いそ》がず、いつものペースを守《まも》るということから、「着実に」という意味《いみ》になったという。

使い方 入試《にゅうし》まであと半年《はんとし》しかないが、あせらず地道に努力《どりょく》しよう。

出張《しゅっちょう》

仕事《しごと》で、いつもの場所《ばしょ》からはなれ、一時的《いちじてき》に別《べつ》の場所へ行《い》くこと。

語源 戦場《せんじょう》に行くことや、戦《たたか》いのために、ほかの土地《とち》へ行くことを「出張《でばり》」といったことから。のちに「出向《でむ》く」という意味《いみ》が生《う》まれ、音読《おんよ》みされるようになった。

使い方 九州《きゅうしゅう》に出張していたお父《とう》さんが、からしメンタイコをおみやげに買《か》ってきた。

図星《ずぼし》

思《おも》っていたとおりであること。

語源 もとは、弓《ゆみ》で矢《や》を射《い》るときの的《まと》の中心《ちゅうしん》の黒《くろ》い点《てん》のこと。そこから、想像《そうぞう》していたことがぴたりと当《あ》たる意味になった。

使い方 まさし君《くん》に、この間《あいだ》いっしょにいた人《ひと》はかのじょじゃない？　とあてずっぽうを言ったら、図星だったのでびっくりした。／図星をさされて、言いわけもできなかった。

勢《せい》ぞろい

仲《なか》間《ま》などが、ある目《もく》的《てき》のために、一《いっ》か所《しょ》に集《あつ》まること。

語源 もともとは「勢ぞろえ」といい、戦《たたか》いのとき、味《み》方《かた》の軍《ぐん》勢《ぜい》を全《ぜん》員《いん》集《しゅう》合《ごう》させる意《い》味《み》だった。それが、同《おな》じ目的を持《も》つ人《ひと》たちが、一か所に集まるという意味になった。

使い方 オリンピックの開《かい》会《かい》式《しき》に、世《せ》界《かい》の代《だい》表《ひょう》選《せん》手《しゅ》が勢ぞろいした。

反《そ》りが合《あ》わない

おたがいの気《き》持《も》ちや性《せい》質《しつ》が合《あ》わない。気が合わず、仲《なか》よくできない。

語源 刀《かたな》は、横《よこ》から見《み》るとまっすぐではなく、少《すこ》しカーブしている。そのカーブが「反り」で、刀とさやの反りが同じでないと、さやにおさめることができない。そこから、反りの合わない刀とさやを、気の合わない人《にん》間《げん》同《どう》士《し》にたとえた。

使い方 お父《とう》さんと妹《いもうと》のさちこおばさんとは、どうも反りが合わない。

手《て》ぐすね引《ひ》く

しっかりと準備《じゅんび》をする。

語源 「くすね」は、松《まつ》やにと油《あぶら》をまぜて練《ね》り合《あ》わせたもので、ねばねばとくっつく力《ちから》が強《つよ》く、弓《ゆみ》のつるにぬって強くしたり、手にぬってすべらないようにしたりする。「手ぐすね引く」とは、ここから準備を十分《じゅうぶん》に整《ととの》える意味《いみ》になった。

使い方 帰《かえ》りのおそい子《こ》をしかってやろうと、手ぐすね引いて待《ま》ちかまえる。

虎《とら》の巻《まき》

芸事《げいごと》などについての特別《とくべつ》な方法《ほうほう》が記《しる》された書物《しょもつ》。

また、教科書《きょうかしょ》などをわかりやすく解説《かいせつ》した参考書《さんこうしょ》。

語源 中国《ちゅうごく》の古《ふる》い兵法書《へいほうしょ》（戦争《せんそう》の方法について書《か》かれたもの）の『六韜《りくとう》』のうち、敵《てき》をおそれない方法や、戦術《せんじゅつ》の大切《たいせつ》なことがらなどが書かれている「虎韜《ことう》」の巻《かん》からでたことば。

使い方 虎の巻にたよりすぎるのはよくない。

七《なな》つ道具《どうぐ》

ある仕事《しごと》や作業《さぎょう》をするのに必要《ひつよう》な、一《ひと》そろいの道具。

語源 平安時代末《へいあんじだいまつ》から鎌倉時代初《かまくらじだいはじ》めの僧兵《そうへい》武《む》蔵坊弁慶《さしぼうべんけい》が、いつも背中《せなか》にしょっていたという大《おお》なぎなた・かま・おのなどの七つの道具から。また、武士《ぶし》が戦場《せんじょう》で身《み》につけるよろいやかぶと、刀《かたな》や弓《ゆみ》などの「七つの大切《たいせつ》な道具」がもとともいわれる。

使い方 たんていの七つ道具。

はず

「たしかにそうなる」「まちがいなくそうである」の意味《いみ》をあらわすことば。当《あ》たり前《まえ》なこと。

語源 「はず（筈）」は、弓の両端《りょうたん》のつるをかけるところ。また「矢《や》はず」は、矢を弓につがえるとき、つるからはずれないように矢の端《はし》につけるもの。矢のはずはつると当然《とうぜん》よく合《あ》うということから。

使い方 そろそろ頂上《ちょうじょう》に着《つ》くはずだ。／君《きみ》にたのんであったはずだ。

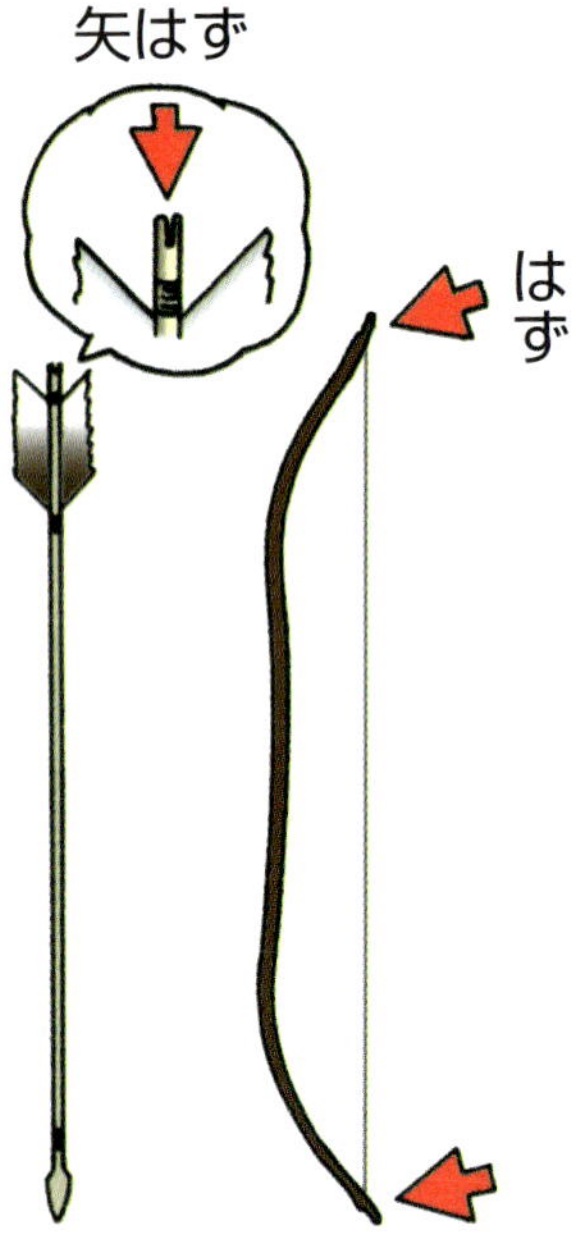

羽目《はめ》を外《はず》す

調子《ちょうし》にのってちょうどよい程度《ていど》をこす。

語源 「はめ」は「はみ（馬銜）」が変化《へんか》したものという。「はみ」は乗馬《じょうば》のとき、手綱《たづな》をつけるため馬《うま》にかませるもの。「はみ」を外して馬を自由《じゆう》にさせることから、度《ど》をこす意味《いみ》が生《う》まれたとされる。

使い方 修学旅行《しゅうがくりょこう》でつい羽目を外して、夜《よる》おそくまでさわいでしまった。

味方《みかた》

自分《じぶん》が属《ぞく》しているほうの仲間《なかま》。また、助《たす》けること。

語源 もとは「御方《みかた》」と書《か》き、朝廷《ちょうてい》に敵対《てきたい》する賊軍《ぞくぐん》に対《たい》して官軍《かんぐん》（天皇《てんのう》の軍勢《ぐんぜい》）のことをいった。

使い方 味方に引《ひ》き入《い》れる。／弱《よわ》いほうに味方する。

身《み》から出《で》たさび

自分《じぶん》がした悪《わる》いことによって、自分が苦《くる》しめられること。自業自得《じごうじとく》。

語源 「身」は、刀身《とうしん》のこと。刃物《はもの》の刀身そのものから出たさびで切《き》れ味《あじ》が悪くなり、価値《かち》を落《お》としてしまうということから。また、自分が手入《てい》れをおこたったせいで刀がさびてしまい、いざというとき自分の身に危険《きけん》がおよぶということからともいう。

使い方 うす着《ぎ》をしていてかぜをひいたのは、身から出たさびだ。

らちが明《あ》かない

物事《ものごと》が進《すす》まず、いつまでたっても決着《けっちゃく》がつかない。

語源 馬場《ばば》（乗馬《じょうば》の練習《れんしゅう》や競馬《けいば》をする場所《ばしょ》）のまわりを囲《かこ》うさくのことを、「らち」という。らちが明かなければ、何《なに》も始《はじ》まらないことからといわれている。

使い方 電話《でんわ》で話《はな》してもらちが明かないので、直接《ちょくせつ》会《あ》って話そう。

コラム 「イクラ」は、もともと日本語《にほんご》だったの？

みんながふだん使《つか》っていることばのなかには、外国語《がいこくご》のまま定着《ていちゃく》したことばもあるんだ。それではクイズだよ！　次《つぎ》の語《ご》は、何《なに》語がもとになっているのかな？　マレー語、ロシア語、ポルトガル語、アイヌ語の中《なか》から正《ただ》しいと思《おも》うものを選《えら》んでね！

- セイウチ（　　語）
- ジュゴン（　　語）
- オットセイ（　　語）
- てんぷら（　　語）
- イクラ（　　語）
- オランウータン（　　語）
- ししゃも（　　語）
- トナカイ（　　語）
- ラッコ（　　語）
- キャラメル（　　語）

（言語《げんご》）マレー語、ロシア語、ポルトガル語、アイヌ語

正解《せいかい》

セイウチ（ロシア語）
ジュゴン（マレー語）
オットセイ（アイヌ語）
てんぷら（ポルトガル語）
イクラ（ロシア語）
オランウータン（マレー語）
「森《もり》の人《ひと》」という意味《いみ》。（一三三ページ参照《さんしょう》）
ししゃも（アイヌ語）
「柳《やなぎ》の葉《は》」の意味から。
トナカイ（アイヌ語）
ラッコ（アイヌ語）
キャラメル（ポルトガル語）

演劇《えんげき》 音楽《おんがく》 からできたことば

歌舞伎《かぶき》や雅楽《ががく》、舞踊《ぶよう》など、日本独特《にほんどくとく》の芸能《げいのう》に由来《ゆらい》するよ！

板《いた》につく

仕事《しごと》や役《やく》がらなどが、その人《ひと》にぴったり合《あ》っているようす。

語源 「板」は板ばりの舞台《ぶたい》のこと。役者《やくしゃ》がしばいの経験《けいけん》をつんで、その芸《げい》が舞台とぴったりと調和《ちょうわ》していることから。

使い方 新婚《しんこん》の姉《あね》の料理姿《りょうりすがた》も板についてきた。

江戸時代《えどじだい》
こっちよ。
しばい見物《けんぶつ》ははじめてだ！ワクワク。
花道《はなみち》
ワーッ、すげー！これが歌舞伎の舞台かぁー！

物語《ものがたり》も大詰《おおづ》めだ。
やまとやぁ
チョン チョン
チョン チョン
おもだかやぁ
パチ パチ パチ パチ
派手《はで》な衣装《いしょう》だったなぁ。
うっとり
そうだ！サインをもらおうよ。
会《あ》ってくれないわよ。あたしたちなんか……。
失礼《しつれい》します。

なに？サイン？
はい、はい、いいですよ。これに書《か》くの？
ワ～イ！
あら…
エンのすけさんは、何才《なんさい》からケイコを始《はじ》めたんですか？
三才《さん》からだよ。最初《さいしょ》は何《なに》もわからなくてね。
父
三才
もう一度
また失敗《しっぱい》したらイヤだな。
こら！この前《まえ》の二《に》の舞《ま》いになるぞ。
それでも一生《いっしょう》けんめい練習《れんしゅう》してるうちに、
ヨッ
少《すこ》しずつできるようになっていったんだ。

よし！
慣《な》れてくれば
カンタンだ。
なめらかに
おどれ
るぞ！
芸が板《いた》についてきたな。
舞台《ぶたい》の板に足《あし》がすいついているようにおどれる。
経験《けいけん》を積《つ》むことで、足が舞台の板にすいつくようになじんでくる。そのようすから、動作《どうさ》や態度《たいど》が自然《しぜん》で、その人《ひと》の職業《しょくぎょう》や役《やく》にぴったり合《あ》うという意味《いみ》になったんだね。
よーし！
調子《ちょうし》にのってきたぞ。
あ、
それ！
あ、それ！
ばかもーん
ワハハハ
しかられちゃったんだ。
ノリの軽《かる》い人だ。

間《ま》がぬける

ものごとの大事《だいじ》なところを落《お》としている。考《かんが》えや行動《こうどう》にぬかりがある。ばかげて見《み》える。

語源 しばいの演技《えんぎ》やおどりの呼吸《こきゅう》、タイミングのことを「間《ま》」といい、それがぴったり合《あ》わないことから。

使い方 この人形《にんぎょう》の表情《ひょうじょう》は、間がぬけている。

もうすぐ音楽会《おんがくかい》
ちょっとちょっと！オレのリズムに合わせろよな〜。
なによー！
笛《ふえ》のメロディーを、打楽器《だがっき》のリズムに合わせろよ。
そーだ
そっちこそ、正《ただ》しいリズムを打《う》ってよね。
なんだとー！
みなさーん！打ち合わせはもう終《お》わったかな？

じゃあ、曲のさわりを演奏《えんそう》しましょうね。
ワン、トゥ、スリー。
ガク
もー、めちゃくちゃ……。
バシン
ドンチャン
音楽会《おんがくかい》まであと三日《みっか》よ！
みんな、もっとていねいに演奏《えんそう》しましょうね。
ではもう一度《いちど》。

うん、なかなかいい調子《ちょうし》よ♪

でも何《なに》かぬけてる気《き》がする。どうして？

せんせい！

なあに？がくとさん。

大太鼓《おおだいこ》がいねむりしてます！

すぴ すぴ
もぉー！どうりで間《ま》がぬけてるわけよね～。

合奏《がっそう》では、みんなの呼吸《こきゅう》がぴったり合《あ》わないと、なんだか拍子《ひょうし》ぬけしちゃうよね。そんなふうに、行動《こうどう》にぬけているところがあることを、「間がぬける」というようになったんだね。

おきなさーい
しまった…

アハハ
まぬけだな。

打《う》ち合《あ》わせ

物事《ものごと》をうまく運《はこ》ぶため、前《まえ》もって話《はな》し合いをすること。また、その話し合い。

語源 もとは雅楽《ががく》で使《つか》われた音楽用語《おんがくようご》。笛《ふえ》などの吹《ふ》いて鳴《な》らす楽器《がっき》と太鼓《たいこ》などの打《う》つ楽器で合奏《がっそう》するとき、あらかじめリズムを合わせるために練習《れんしゅう》することを「打ち合わせ」といったことから。

使い方 今日《きょう》は、文化祭《ぶんかさい》の打ち合わせがある。

大当《おおあ》たり

くじびきで一番《いちばん》いいものが当たること。いい結果《けっか》になること。

語源 しばいが大《だい》ヒットしてお客《きゃく》さんがたくさん入《はい》ることから。現代《げんだい》では、しばい以外《いがい》のもよおし物《もの》についても使《つか》われる。

使い方 新商品《しんしょうひん》が大当たりした。

大詰《おおづ》め

物事《ものごと》の終《お》わりの場面《ばめん》。

語源 江戸《えど》時代《じだい》の歌舞伎《かぶき》で、最後《さいご》の幕《まく》（※）を「大詰め」といったが、後《のち》にはいろいろなしばいの最終幕《さいしゅうまく》にも使《つか》われるようになり、さらに、物事すべての最後の段階《だんかい》を意味《いみ》するようになった。

使い方 高校野球《こうこうやきゅう》も大詰めに入《はい》り、次《つぎ》が決勝戦《けっしょうせん》だ。

※江戸の歌舞伎では、一番目狂言《いちばんめきょうげん》（時代物《じだいもの》）の最終幕が大詰め。

おはこ

一番得意《いちばんとくい》な芸《げい》や技《わざ》。

語源 「おはこ」は「十八番」とも書《か》く。「十八番」の由来《ゆらい》は、江戸時代の歌舞伎で、市川団十郎《いちかわだんじゅうろう》家《け》が得意《とくい》な演目《えんもく》を十八選《えら》んだ「歌舞伎十八番《じゅうはちばん》」。「おはこ」の由来はさまざまあり、その一《ひと》つに、秘蔵《ひぞう》の芸である「歌舞伎十八番」の台本《だいほん》を、大切《たいせつ》に箱《はこ》の中《なか》にしまっていたからという説《せつ》がある。

使い方 ぼくのカラオケのおはこは、「夜空《よぞら》ノムコウ」だ。

音頭《おんど》を取《と》る

物事《ものごと》をするとき、先《さき》に立《た》ってみんなをリードする。

語源 「音頭」は、雅楽《ががく》で「音頭《おんどう》」といい、管楽器《かんがっき》それぞれの一番目《いちばんめ》の演奏者《えんそうしゃ》のことをさした。また、多《おお》くの人《ひと》で歌《うた》うとき、調子《ちょうし》をそろえるために、一人《ひとり》の人が先に歌いだすことをいい、またその人のこともいった。

使い方 学級委員《がっきゅういいん》が**音頭を取っ**て学校《がっこう》のゴミ拾《ひろ》いをした。

音頭に合わせよう。

黒幕《くろまく》

表《おもて》に出《で》ないで、うらで人に指示《しじ》をしたり、組織《そしき》などを動《うご》かしたりする人。

語源 歌舞伎《かぶき》では、場面《ばめん》が変《か》わるときに舞台装置《ぶたいそうち》をかくしたり、暗《くら》やみを表現《ひょうげん》したりするときに、黒い幕を使《つか》った。ここから、見《み》えないところで、人をあやつる意味《いみ》が生《う》まれた。

使い方 政治《せいじ》の世界《せかい》には**黒幕**がいて、政治家《か》をあやつっているといわれる。

うら
表

差《さ》し金《がね》

かげで人《ひと》に指図《さしず》をしてあやつること。悪《わる》いことをするようにすすめること。

語源 人形浄瑠璃《にんぎょうじょうるり》で、あやつり人形の腕《うで》にしかけてある細長《ほそなが》いぼうを「差し金」という。これで人形の腕を動《うご》かしてあやつる。また、歌舞伎《かぶき》では、チョウなどの飛《と》ぶようすを表現《ひょうげん》するとき、後見《こうけん》が手《て》に持《も》ってあやつるものをいう。そこから、かげにいて、人をあやつるという意味《いみ》で使《つか》われるようになった。

使い方 あの人がこんなしうちをするなんて、だれかの差し金だろう。

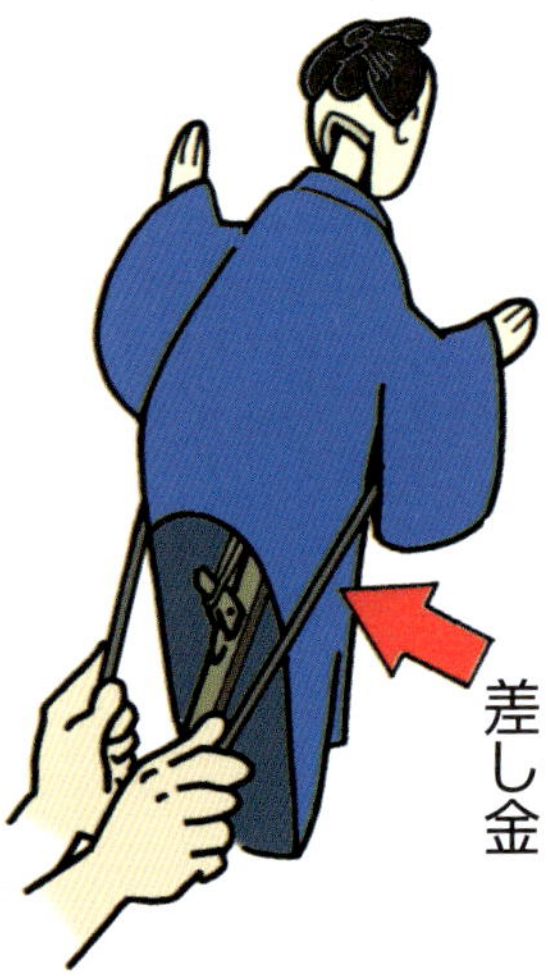

さわり

小説《しょうせつ》や話《はなし》のかんじんなところ。

語源 浄瑠璃の義太夫節《ぎだゆうぶし》の、一番《いちばん》の聞《き》かせどころのこと。もとは、曲《きょく》の中《なか》で義太夫節ではない、ほかの節付《ふしづ》けを取《と》り入《い》れた部分《ぶぶん》をいい、他流《たりゅう》に「さわる」という意味だった。

使い方 映画《えいが》のさわりで、いねむりしてしまった。

三枚目《さんまいめ》

こっけいなことを言《い》ったりしたりする人《ひと》や俳優《はいゆう》。

語源 江戸時代《えどじだい》の芝居小屋《しばいごや》では、役者《やくしゃ》の顔《かお》の絵《え》や名前《なまえ》を書《か》いて入《い》り口《ぐち》にかかげていたが、主役《しゅやく》は一《いち》枚目に、恋愛《れんあい》の場面《ばめん》を演《えん》じる美男《びなん》の役者を二《に》枚目に、道化役《どうけやく》の役者を三枚目に書いたことから。

使い方 二枚目より、三枚目の男子《だんし》のほうが、うちの学校《がっこう》ではもてる。

たらい回《まわ》し

一《ひと》つのことを、順《じゅん》にほかに送《おく》りわたすこと。

語源 「たらい回し」は、あお向《む》けにねて、足《あし》でたらいを回す曲芸《きょくげい》。昔《むかし》の見世物小屋《みせものごや》では、これを二人《ふたり》の曲芸師《し》で、一つのたらいを回しながらおたがいにやり取《と》りするのが評判《ひょうばん》だったという。

使い方 急病《きゅうびょう》で病院《びょういん》に行《い》ったら、どこが悪《わる》いのかよくわからなくて、いろんな科《か》をたらい回しにされた。

段取《だんど》り

物事《ものごと》を進《すす》める手順《てじゅん》、順序《じゅんじょ》。また、それを決《き》めること。

語源 もとは歌舞伎用語《かぶきようご》で、「段」とは物語《ものがたり》の一《ひと》つのくぎりをいう。物語はいくつかの「段」をつなげてできており、「段取り」とは、一つのしばいの筋《すじ》の運《はこ》びや組《く》み立《た》てをいう。段取りの良《よ》しあしで、しばいの面白《おもしろ》さが決《き》まる。

使い方 仕事《しごと》の段取りを、まず決めよう。／クラス会《かい》の段取りをする。

茶番《ちゃばん》

ふざけたふるまい。見《み》えすいたばかばかしいこと。

語源 江戸時代《えどじだい》、歌舞伎の劇場《げきじょう》の楽屋《がくや》で、お茶を出《だ》す役割《やくわり》の地位《ちい》の低《ひく》い役者《やくしゃ》を「茶番」といった。その茶番が楽屋で行《おこな》ったこっけいな寸劇《すんげき》が、後《のち》に一般《いっぱん》にも広《ひろ》まり、「茶番狂言《きょうげん》」とよばれた。それが、底《そこ》の浅《あさ》い、ばかばかしいものであったことから。「茶番劇《げき》」ともいう。

使い方 とんだ茶番劇で、ばからしかった。

ていねい

礼儀正《れいぎただ》しく、親切《しんせつ》なこと。念入《ねんい》りで注意《ちゅうい》がゆきとどいていること。

語源 昔《むかし》、中国《ちゅうごく》の軍隊《ぐんたい》で、注意《ちゅうい》するように合図《あいず》するために使《つか》われた金属製《きんぞくせい》の打楽器《だがっき》が「丁寧《ていねい》」。そこから、注意深《ぶか》いという意味《いみ》を持《も》つようになったといわれている。

使い方 問題《もんだい》の解《と》き方《かた》を、ていねいに教《おし》えてもらった。

てんてこまい

いそがしさにふり回《まわ》されて、休《やす》むひまなく働《はたら》くこと。

語源 太鼓《たいこ》のにぎやかな音《おと》に合《あ》わせて、早《はや》い調子《ちょうし》でせわしなくおどるのを「てんてこ舞《ま》い」といったことから。「てんてこ」は、おはやしの太鼓の音をあらわしている。天手古《てんてこ》と書《か》くのは当《あ》て字《じ》。

使い方 大《おお》みそかのそば屋《や》さんは、どこもてんてこまいだ。

どんちゃんさわぎ

酒《さけ》を飲《の》み、歌《うた》ったりおどったりして、大《おお》さわぎをすること。

語源 歌舞伎《かぶき》で、戦《たたか》いの場《ば》面《めん》を盛《も》り上《あ》げるとき、「ドンドン、チャンチャン」と太鼓《たいこ》とかねを同時《どうじ》に鳴《な》らす。このにぎやかな音《おと》が、酒の席《せき》での大さわぎとむすびついたことから。

使い方 忘年会《ぼうねんかい》では年《ねん》に一度《いちど》のどんちゃんさわぎをする。

どんでん返《がえ》し

ものごとの流《なが》れなどが、正《せい》反対《はんたい》に変《か》わってしまうこと。

語源 歌舞伎で、場面を変《か》えるとき、床《ゆか》や大道具《おおどうぐ》など舞台《ぶたい》を九十度《きゅうじゅうど》後《うし》ろにたおして、一気《いっき》に次《つぎ》のまったくちがう場面に変えることをいった。「どんでん」は、転換《てんかん》するとき大太鼓《おおだいこ》をドンデンドンデンと打《う》つことからという。

使い方 今日《きょう》の試合《しあい》は九回裏《きゅうかいうら》に、大《だい》どんでん返しがあった。

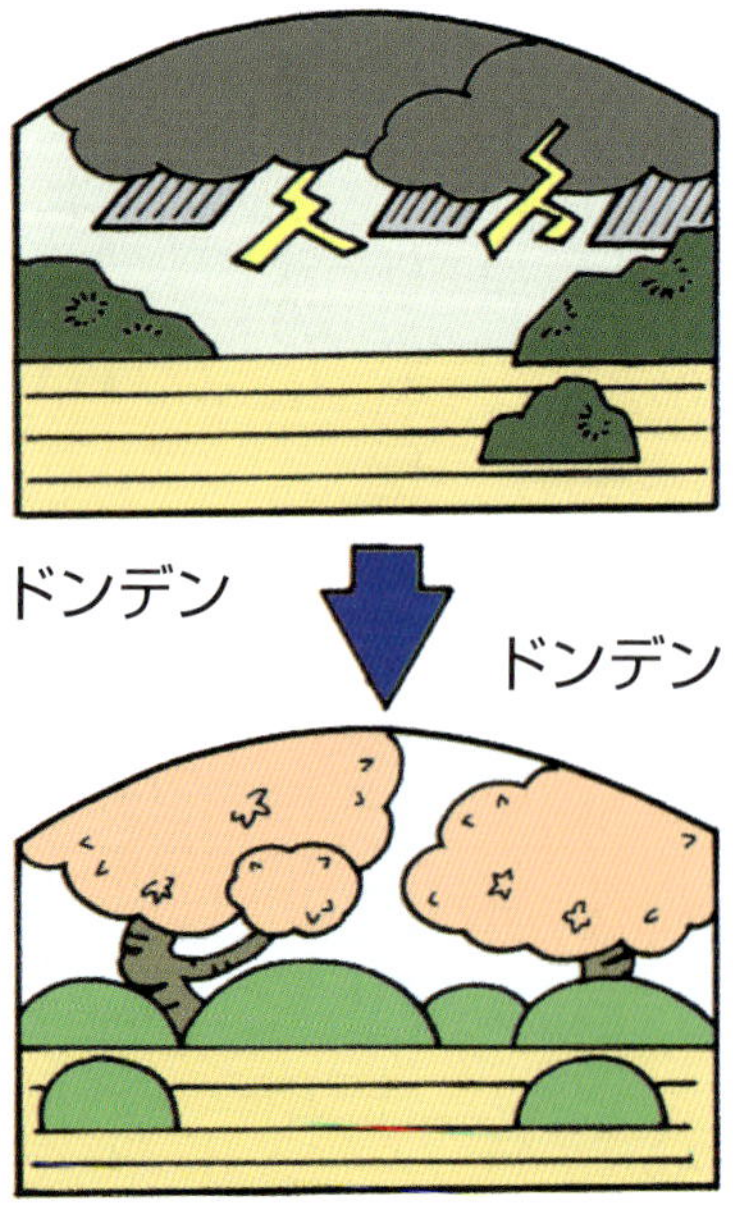

二《に》の舞《まい》

他人《たにん》と同《おな》じ失敗《しっぱい》をくり返《かえ》すこと。

語源 舞楽《ぶがく》で、「安摩《あま》」という演目《えんもく》の舞のあと、それをまねてこっけいなしぐさで舞《ま》うことを「二の舞」といった。そこから、人《ひと》のまねをして失敗する意味《いみ》が生《う》まれ、さらに、人の失敗をくり返す意味に変《か》わっていった。

使い方 試験《しけん》に落《お》ちた兄《あに》の二の舞を演《えん》じてしまった。※二の舞を「踏《ふ》む」とまちがいやすいので注意。

派《は》手《で》

色合《いろあ》い・行動《こうどう》・性格《せいかく》などがはなやかで人目《ひとめ》をひくこと。

語源 「手《て》」は三味線《しゃみせん》のひき方《かた》のことで、それまでの演奏方法《えんそうほうほう》を「本手《ほんて》」というのに対《たい》し、それを破《やぶ》った新《あたら》しい曲風《きょくふう》を「破手《はで》」といった。それがとてもにぎやかで、強《つよ》い印象《いんしょう》を与《あた》えるものだったことから、はなやかで目立《めだ》つようすをいうようになったといわれる。

使い方 派手な服装《ふくそう》のお笑《わら》いタレント。

花道《はなみち》

最後《さいご》にはなばなしくかつやくするとき。

語源 歌舞伎《かぶき》の劇場《げきじょう》で、舞台《ぶたい》の左側《ひだりがわ》から観客《かんきゃく》席《せき》にのびる通路《つうろ》のこと。役者《やくしゃ》の登場《とうじょう》や退場《たいじょう》に使《つか》い、また、役者が演技《えんぎ》をすることもある。退場の際《さい》に使い、重要《じゅうよう》な見《み》せ場《ば》の一《ひと》つでもあることから、最後をかざるはなばなしいときを「花道」というようになった。もともと、客が役者に花（ご祝儀《しゅうぎ》）をわたすために作《つく》られたともいわれる。

使い方 人生《じんせい》の花道をかざる。

見得《みえ》を切《き》る

自信満《じしんまん》まんな態度《たいど》をとる。

語源 歌舞伎のことばで、感情《かんじょう》のたかぶりをあらわすときに、ポーズを決《き》めて少《すこ》しの間静止《あいだせいし》し、目《め》を寄《よ》せたりにらんだりして、目立《めだ》つ表情《ひょうじょう》やしぐさをする。ここからおおげさなことを言《い》うことや自信のあるようすをいうようになった。

使い方 今年《ことし》は優勝《ゆうしょう》だと、大《おお》見得を切る。

めりはり

ものごとの、力《ちから》を入《い》れるところとぬくところ。

語源 もとは、邦楽《ほうがく》（日本音楽《にほんおんがく》）でいわれたことば。「めり（減り）」はゆるめる、「はり（張り）」ははる意味《いみ》で、音《おと》の高低《こうてい》をあらわし、この二《ふた》つをうまく調和《ちょうわ》させることが大切《たいせつ》とされた。後《のち》には歌舞伎《かぶき》の演技《えんぎ》の強弱《きょうじゃく》もいい、さらに、さまざまなことの強弱や調子《ちょうし》についていうようになった。

使い方 めりはりのある話《はな》し方《かた》だと聞《き》きやすい。

ゆるめたり、
張ったり。

ろれつ

ものを言《い》うときの舌《した》を動《うご》かす調子。

語源 中国《ちゅうごく》から伝《つた》わり、日本の雅楽《ががく》で使《つか》われたことばで、「呂律《りょりつ》」が変化《へんか》したもの。呂の音階《おんかい》と律の音階がうまく合《あ》わないことを、「ろれつが回《まわ》らない」といい、そこからよっぱらったり、ことばにならなかったりして、調子よくものが言えないことを意味するようになった。

使い方 よっぱらった父《ちち》はろれつが回らない。

音階が……。
合わない！

コラム

食《た》べ物《もの》の名前《なまえ》の由来《ゆらい》

みんなも、おいしい食べ物は大好《だいす》きだよね！
食べ物の名前って、どんなふうにできたのか知《し》ってるかな？
ここでは食べ物の名前の由来を見《み》てみよう！

親子丼《おやこどん》……どんぶりのご飯《はん》の上《うえ》に、甘辛《あまから》く煮《に》たとり肉《にく》とたまねぎを卵《たまご》でとじたのをのせた料理《りょうり》だよ。親であるにわとりの肉と、子である卵を材料《ざいりょう》に使《つか》っているから、この名前がついたんだ。

数《かず》の子《こ》……数の子はニシンという魚《さかな》の卵だ。ニシンは「かど」という名前もあって、「数の子」は「かどのこ」の変化《へんか》したことばだよ。

きなこ……いった大豆《だいず》を粉《こな》にした食品《しょくひん》だ。おもちにつけたりするとおいしいよね。これは漢字《かんじ》で書《か》くと「黄《き》な粉《こ》」で、黄色《きいろ》い粉という意味《いみ》なんだ。

さしみ……漢字では「刺身《さしみ》」と書くよ。昔《むかし》、武士《ぶし》の間《あいだ》では「切《き》る」ということばを使うのをきらっていた。だから「切る」のかわりに「刺《さ》す」といったところからついた名前といわれているよ。

せんべい……もともとは中国《ちゅうごく》から伝《つた》わったお菓子《かし》で、小麦粉《こむぎこ》をこねてうすくまるくのばしたものを油《あぶら》であげたものだったんだ。だんだんと油を使《つか》わないで焼《や》いたお菓子をさすようになったけど、名前《なまえ》は変《か》わらずに残《のこ》ったんだね。

つくね……魚《さかな》やとり肉《にく》をたたいて、卵《たまご》やかたくり粉《こ》を混《ま》ぜ、こねて丸《まる》めたもの。焼いたりあげたりして食べるよ。手《て》でこねて丸めることを、昔《むかし》の日本語《にほんご》では「つくねる」といい、「つくね」はこれが変化《へんか》したことばだ。つくり方《かた》がことばの由来《ゆらい》になっているんだね。

つみれ……魚のすりみに卵などを混ぜて、ゆでたりむしたりしたもの。きみのうちのおでんには入《はい》っているかな？「つみれ」は「つみいれ」ともいい、漢字《かんじ》で書《か》くと「摘《つ》み入《い》れ」。少《すこ》しずつゆびでつみとって汁《しる》に入れてにることから、この名前がついたんだ。

もんじゃ焼《や》き……みんなでもんじゃ焼きをすると楽《たの》しいね。もんじゃ焼きは、うすくといた小麦粉で鉄板《てっぱん》に文字《もじ》などを書いて遊《あそ》んだことから、もともとは「文字焼き（もんじやき）」といわれていたんだ。「もんじやき」がちぢまって「もんじゃき」となり、さらに「もんじゃやき」に変化したのだろうといわれているよ。

囲碁や将棋に由来《ゆらい》することばもたくさんあるよ！

一目置《いちもくお》く

自分《じぶん》より相手《あいて》のほうがすぐれているとみとめて、一歩《いっぽ》ゆずる。

語源 囲碁の勝負《しょうぶ》で、弱《よわ》いほうの人《ひと》がハンデとして、一目（または数目《すうもく》）の碁石《ごいし》を置いて、勝負をはじめることから。

使い方 かれの絵《え》の才能《さいのう》には、みんなが一目置いている。

ムムム そうきたか……。

へへへどうだ。

参《まい》りました。降参《こうさん》します。

何度《なんど》やっても、おれ様《さま》の勝《か》ちだ。お前《まえ》とおれじゃ、レベルは段《だん》ちがいだな！

囲碁ってなに？

二人《ふたり》がやっているのは、囲碁っていうゲームだ。囲碁は、たて横《よこ》の直線《ちょくせん》を引《ひ》いた盤《ばん》の上《うえ》に、黒石《くろいし》と白石《しろいし》を交替《こうたい》で置《お》いていき、陣地《じんち》を取《と》り合《あ》うゲームなんだ！「碁」ともいうね。

お前《まえ》が負《ま》けることは、最初《さいしょ》からわかっていた。おれなんか八目《はちもく》も先《さき》を見《み》こすことができたぜ。
「岡目《おかめ》八目」※というよ
そうとも！そばで見《み》ていたこの岡《おか》っ引《び》きの言《い》うとおりさ！
ちぇっ
ぼくって何《なに》をやってもだめだなぁ～。
トボトボ
しょぼん…
あら。
こんにちは大碁郎《だいごろう》さん！
アッ、おそめちゃん。

※「岡目八目」は、当事者《とうじしゃ》よりも第三者《だいさんしゃ》のほうがよく見え、正確《せいかく》な判断《はんだん》ができるという意味《いみ》の四字熟語《よじじゅくご》だ。「岡目」は「傍目」とも書《か》くよ。

どうしたの？
うかない顔《かお》して
元気《げんき》ないわよ。
へへ…
それがじつは
囲碁《いご》で負《ま》けちゃって……。
また、
昼間《ひるま》から碁を
打《う》ってたのね！
それはともかく、
よーし
わたしにまかせて！
ねえねえ。
このわたしと
勝負《しょうぶ》しない？
あ！
ハア？
気《き》はたしか
かな。
どうせ負けるだ
けだぜ。

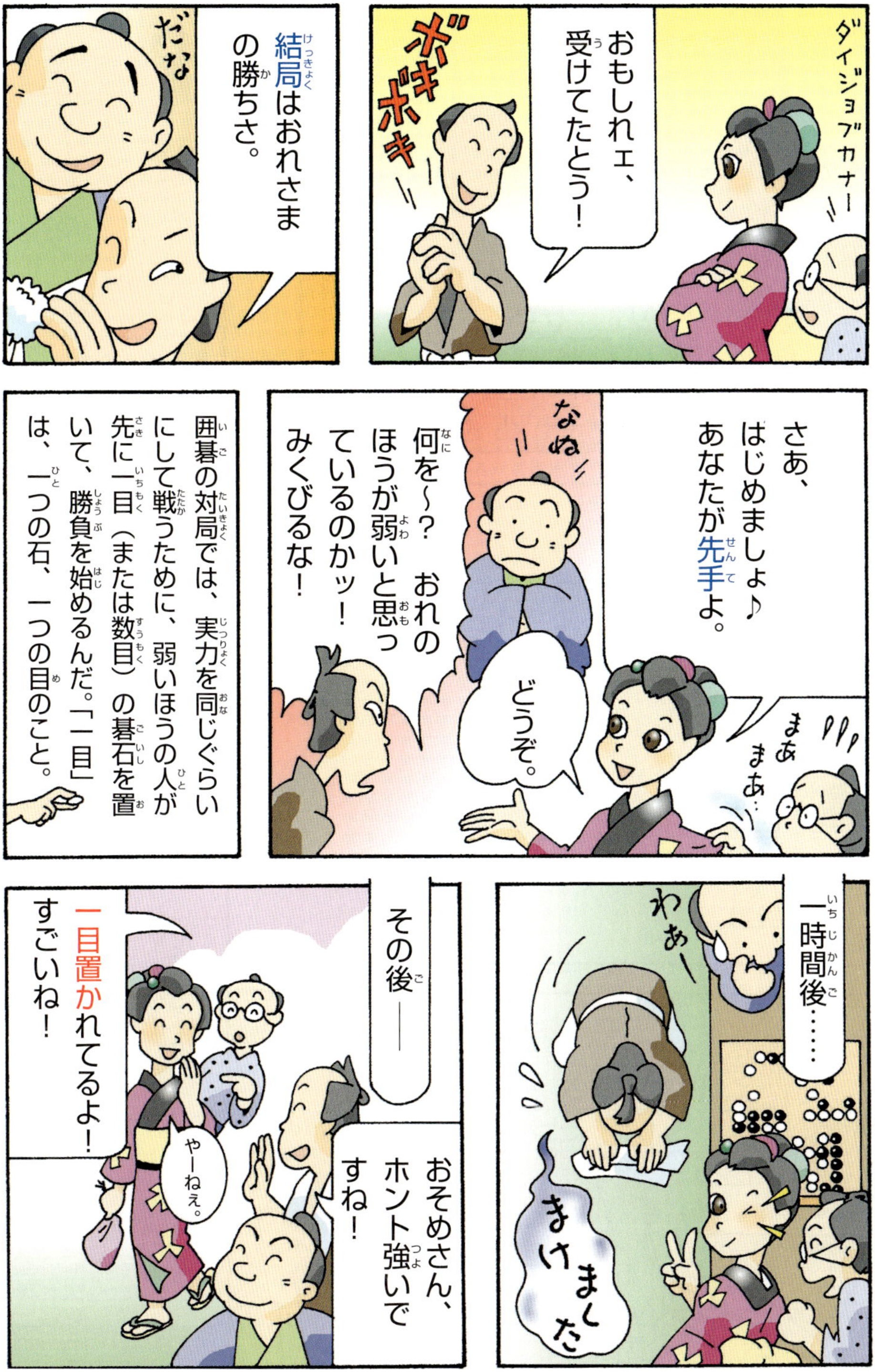
ダイジョブカナー
おもしれェ、受《う》けてたとう！
ボキボキ
結局《けっきょく》はおれさまの勝《か》ちさ。
だな
さぁ、はじめましょ♪あなたが先手《せんて》よ。
なぬ
何《なに》を～？　おれのほうが弱《よわ》いと思《おも》っているのかッ！　みくびるな！
どうぞ。
まぁまぁ…
囲碁《いご》の対局《たいきょく》では、実力《じつりょく》を同《おな》じぐらいにして戦《たたか》うために、弱いほうの人《ひと》が先《さき》に一目《いちもく》（または数目《すうもく》）の碁石《ごいし》を置《お》いて、勝負《しょうぶ》を始《はじ》めるんだ。「一目」は、一《ひと》つの石、一つの目《め》のこと。
一時間後《いちじかんご》……
わぁー
まけました
その後《ご》――
おそめさん、ホント強《つよ》いですね！
やーねぇ。
一目置かれてるよ！
すごいね！

王手《おうて》をかける

あと一歩《いっぽ》で相手《あいて》を負《ま》かす最後《さいご》のところをむかえる。

語源　将棋《しょうぎ》のルールは、「王将《おうしょう》」というこまを取《と》った人《ひと》が勝《か》ち。次《つぎ》に王将を取る手《て》のことを「王手」ということから、相手を追《お》いこんだ状態《じょうたい》の意味《いみ》で使《つか》われるようになった。

使い方　ついに優勝《ゆうしょう》に王手をかけた。

町内小学生《ちょうないしょうがくせい》将棋名人戦《しょうぎめいじんせん》（決勝《けっしょう》）
一本勝負《いっぽんしょうぶ》だ！
ガーン
負《ま》けるものか！
Q 将棋ってなに？
A 将棋は、先手《せんて》と後手《ごて》が交互《こうご》にこまを動《うご》かし、敵《てき》の王将を先《さき》に攻《せ》め取ったほうが勝ちになるゲームだ。
王将
銀将
金将
角行
飛車
桂馬
香車
歩兵
歩兵
それではじめ！
まずは「歩《ふ》」を出《だ》し、
歩兵

行《い》けーッ!
敵《てき》の陣地《じんち》にせめ入《い》るぞ~。
きたなー。
よし、敵の陣地に入《はい》った!
「金《きん》」になるぞ!
しまった!
成金《なりきん》!※
パワーアップ
と
金
この金で王手《おうて》をかける!
ちょ、ちょっと待《ま》ったー

※「成金」とは、敵の陣地に入り、金将《きんしょう》と同《おな》じ働《はたら》きをするようになったこまをいう。将棋《しょうぎ》では、敵の陣地にこまを進《すす》めると、こまを裏返《うらがえ》して、動《うご》き方《かた》を変《か》えることができる。これを「成《な》る」というんだ。また、相手《あいて》の陣地から出《で》るときも、成ることができる。ただし、「玉」と「金」は成ることはできないよ。

将棋《しょうぎ》の対局《たいきょく》で、「次《つぎ》に王将《おうしょう》を取《と》るよ！」という手《て》のことを「王手《おうて》」という。王手をかけられた人《ひと》は、王をにがすなどの方法《ほうほう》で王手を防《ふせ》がなければならない。ここから、勝《か》ちが決《き》まる最《さい》後《ご》の段階《だんかい》という意味《いみ》になったんだ。

王将
「待《ま》った」だって？マジかよ～。

お願《ねが》い、たのむよ……。

しかたないな。じゃあ、一回《いっかい》だけ待ってやる。

あと一息《ひといき》で負《ま》かせたのに～。

へへへー、ありがとう。

ウーン……

よし！飛車《ひしゃ》でせめよう！

とぉーっ！

飛
金
ひゃ～～

助けてー
ハハハ
持《も》ちごまが豊富《ほうふ》になったぞ。
フフフ、もう、ぼくの相手《あいて》じゃないね。
くそー、上《うえ》からものを言《い》いやがってー。高飛車《たかびしゃ》に出《で》たなー。
そうだ! 「角《かく》」を使《つか》ってせめよう!
王手《おうて》、
飛車取《ひしゃと》り!

王手《おうて》飛車《ひしゃ》取《と》りとは？
角《かく》は、ほかのこまを飛《と》びこすことはできないが、ななめ方《ほう》向《こう》へはいくらでも進《すす》める。王手でしかも飛車を取ることのできる戦法《せんぽう》を「王手飛車取り」という。この戦法は、角を使《つか》った痛快《つうかい》な一手《いって》なのだ！

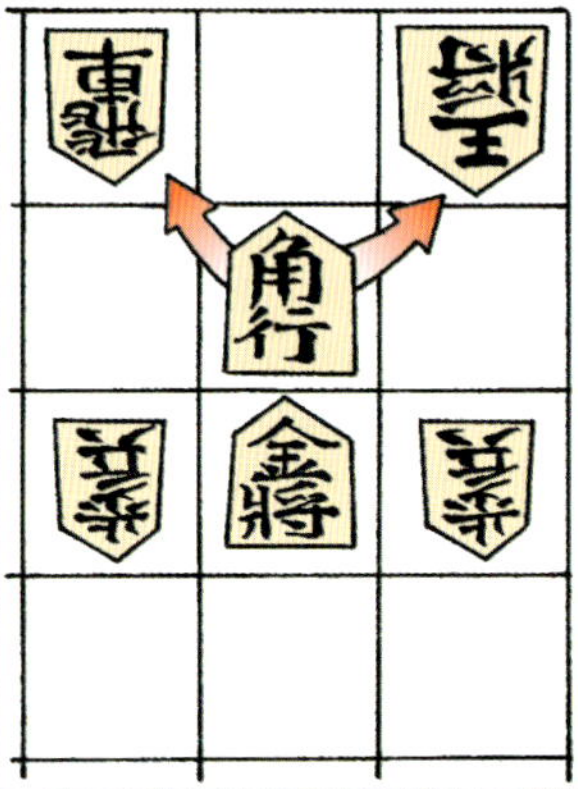

あげく

すえ。終《お》わり。とどのつまり。

語源 連歌《れんが》や連句《れんく》の最後《さいご》の七《しち》・七を「挙句《あげく》」「揚句《あげく》」という。ここから終わりの意味《いみ》となった。「あげくのはて」という形《かたち》で、結局《けっきょく》、おしまいには、という意味《いみ》で使《つか》われることが多《おお》い。

使い方 さんざん考《かんが》えたあげく、夏休《なつやす》みの旅行《りょこう》はハワイへ行《い》くことにきめた。

あげ句が、
出《で》ない……。

一巻《いっかん》の終《お》わり

すべてが終わること。また、死《し》ぬこと。

語源 「一巻」とは、巻物《まきもの》や巻本《まきほん》、フィルムのひとまきのことで、ひとまきの物語《ものがたり》の終わりということから、すべてが終わることの意味となった。活動写真《かつどうしゃしん》（昔《むかし》の映画《えいが》）の弁士《べんし》が、上演《じょうえん》の終わりにかならず言《い》ったことば。

使い方 もしも今《いま》、台風《たいふう》が上陸《じょうりく》したら、こんな古《ふる》い家《いえ》は一巻の終わりだ。

これにて一巻の終わり。
終
弁士

合点《がてん》

なっとくすること。承知《しょうち》すること。

語源 昔《むかし》、和歌《わか》や俳句《はいく》などのよしあしを決《き》めるとき、すぐれた作品《さくひん》につけた印《しるし》や、回覧《かいらん》の文書《ぶんしょ》などを見《み》て承知したことを示《しめ》すためにつけた印を「合点《がってん》」といったことから。「がってん」ともいう。

使い方 早合点《はやがてん》してしまうのがわたしの悪《わる》いくせだ。／「さぁ出《で》かけるよ。」「おっと合点《がってん》だ。」

結局《けっきょく》

ものごとの終《お》わり。ついに。

語源 「局」は、囲碁《いご》や将棋《しょうぎ》の勝負《しょうぶ》のこと。「結《けつ》」はしめくくりの意味《いみ》なので、将棋や囲碁の一勝負《ひとしょうぶ》が終わること。そこから「終わり」「最後《さいご》」という意味が生《う》まれた。

使い方 結局のところは失敗《しっぱい》に終わった。／一生《いっしょう》けんめい走《はし》ったが、結局優勝《ゆうしょう》できなかった。

先手《せんて》

物事《ものごと》をほかの人《ひと》より先《さき》に行《おこな》うこと。

語源 囲碁《いご》や将棋《しょうぎ》で、先に攻《せ》めるほうを先手、後《あと》に攻めるほうを後手《ごて》という。先手のほうが、勝負《しょうぶ》を有利《ゆうり》に進《すす》められることから、相手《あいて》よりも先に物事を行って、相手のいきおいをなくすことを「先手を打《う》つ」という。

使い方 先手必勝《ひっしょう》でがんばろう。

先手でいいですか?
もちろん!

高飛車《たかびしゃ》に出《で》る

相手をむりにおさえつけるような態度《たいど》を取《と》ること。

語源 将棋で、飛車《ひしゃ》を歩《ふ》よりも前《まえ》へ置《お》いて構《かま》え、相手をおさえつけるようにするのを「高飛車」ということから。

使い方 会議中《かいぎちゅう》に高飛車に出たため、みんなから非難《ひなん》された。

高飛車な!

だめおし

さらに確実《かくじつ》にするために念《ねん》をおすこと。勝《か》っている試《し》合《あい》で、さらに得点《とくてん》を入《い》れること。

語源 囲碁《いご》で、両方《りょうほう》の境《さかい》にあってどちらの地《じ》（領分《りょうぶん》）にもならない目《め》を「だめ（駄目）」という。そこに石《いし》を置《お》いても、勝敗《しょうはい》には影響《えいきょう》しないことから、役《やく》に立《た》たない、むだなという意味《いみ》が生《う》まれた。「だめおし」は、そんな目にもあえて石を置くことから、念をおす意味となった。

使い方 試合終了《しあいしゅうりょう》まぎわに、だめおしのシュートが決《き》まった。

ここに置くのは……。
ダメだよ。

封切《ふうき》り

物事《ものごと》のしはじめ。とくに、新作映画《しんさくえいが》をはじめて映画館《かん》で公開《こうかい》すること。

語源 江戸時代《えどじだい》、新刊本《しんかんぼん》は白紙《はくし》でつつんで売《う》られていた。読者《どくしゃ》は最初《さいしょ》にその封を切って読《よ》んだことから。映画の場合《ばあい》は、フィルムをつつんだものの封を切ることからともいう。

使い方 今日《きょう》封切りの映画を見《み》に行《い》った。

本
早《はや》く読みたいな♪

コラム

推理《すいり》クイズ！何《なん》のことを言《い》っているの？

超忍法《ちょうにんぽう》〝ブンブン分身《ぶんしん》〟の術《じゅつ》！
ヘイ、どうだい、ぼくが四人《よにん》もいるよ！
さて、ここで問題《もんだい》。ムンチャの分身1、2、3は、それぞれ何のことを言っているのかな？ことばの意味《いみ》とその由来《ゆらい》から、何のことを言っているのかを推理してみよう！

分身1

意味は、「むだで役《やく》に立《た》たない」、また「おとった、できない」など。もともとは囲碁《いご》の世界《せかい》で使《つか》われていたことばで、「どちらのものにもならないところ」の意味だった。そこに石《いし》を置《お》いても勝敗《しょうはい》とは関係《かんけい》ないことから、できたことばだよ。

分身2

豆乳《とうにゅう》ににがりを入《い》れて、かためた食《た》べ物《もの》だ。絹《きぬ》でこしたようにつるつるしていて、なめらかであることからその名前《なまえ》がついたんだ。

分身3

服装《ふくそう》や態度《たいど》などが気取《きど》っていて、いやみなさま。漢字《かんじ》で書《か》くと、「気障」。もとは「きざわり（気障り）」といい、心配《しんぱい》ごとがあるようすをあらわすことばだったんだ。

正解《せいかい》

分身1　だめ（駄目）
分身2　絹ごし豆腐《どうふ》
分身3　キザ

すもう
柔道《じゅうどう》
などからできたことば

日本《にほん》特有《とくゆう》の競技《きょうぎ》からできたことばだよ！

一本《いっぽん》取《と》る

相手《あいて》を打《う》ち負《ま》かす。やりこめる。

語源
柔道や剣道《けんどう》で、技《わざ》が一回《いっかい》決《き》まることを「一本」という。とくに、柔道では、一本取《と》ると、勝《か》ちが決まることから。

使い方
あつしくんのおもしろいギャグには、一本取られた。

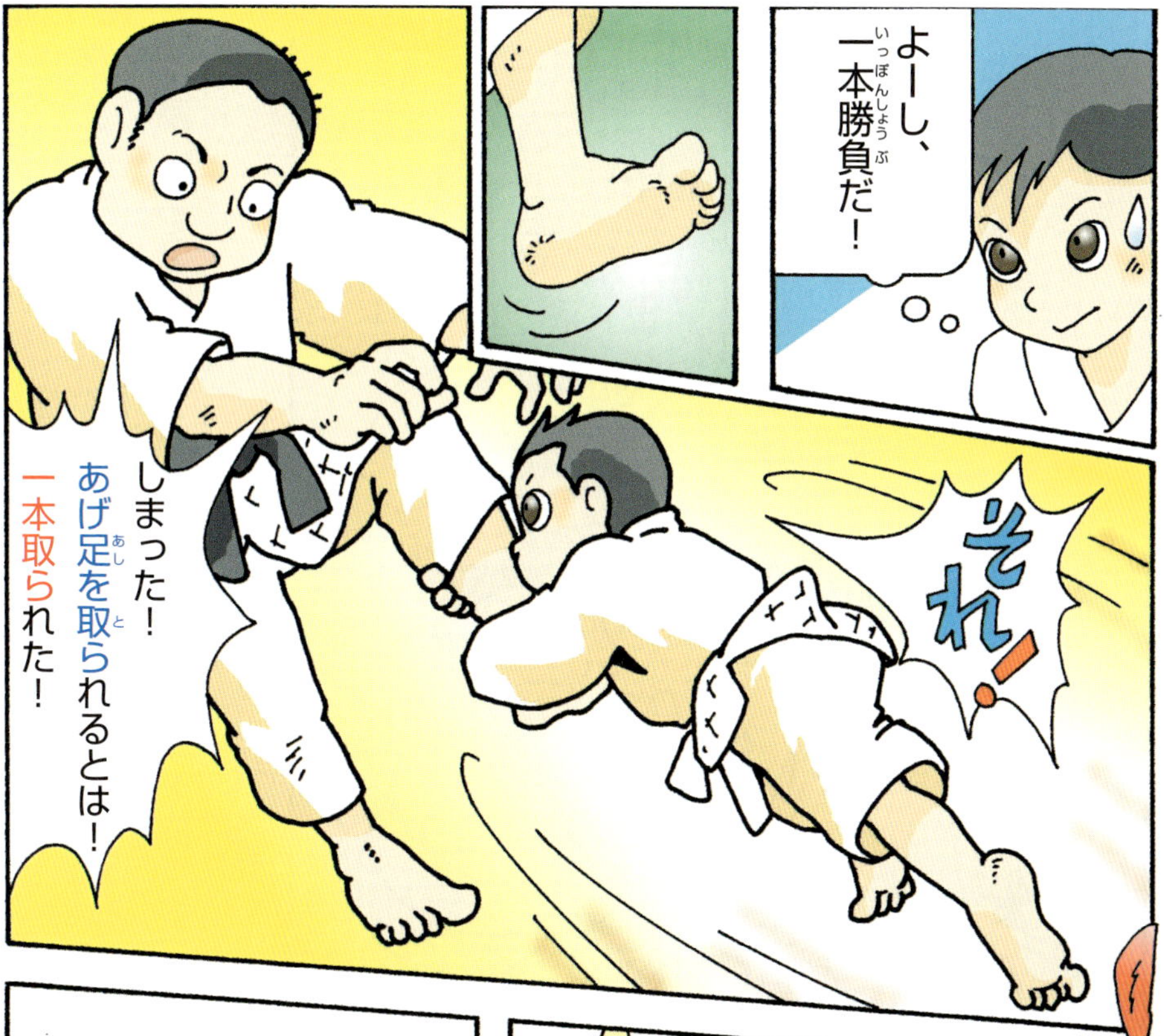
よーし、
一本勝負《いっぽんしょうぶ》だ！
それ！
しまった！
あげ足《あし》を取《と》られるとは！
一本取られた！

いっぽん
ドン

柔道《じゅうどう》は、たがいに組《く》み合《あ》い、相手《あいて》の力《ちから》を利《り》用《よう》しながら投《な》げたり、たおしたりするスポーツだ。技《わざ》が完《かん》ぺきに決《き》まることを「一本」といい、「一本取る」と勝《か》ちが決《き》まる。そこから相手を打《う》ち負《ま》かすとか、やりこめるという意味《いみ》が生《う》まれた。

一本 とられた〜
ヒリヒリ…

胸《むね》を借《か》りる

自分《じぶん》より実力《じつりょく》のある人《ひと》に、練習相手《れんしゅうあいて》になってもらう。

語源 すもうのけいこで、下位《かい》の力士《りきし》が、上位《じょうい》の力士に練習相手になってもらうことから。

使い方 先《せん》ぱいの**胸を借りて**練習したかいあって、試合《しあい》に勝《か》つことができた。

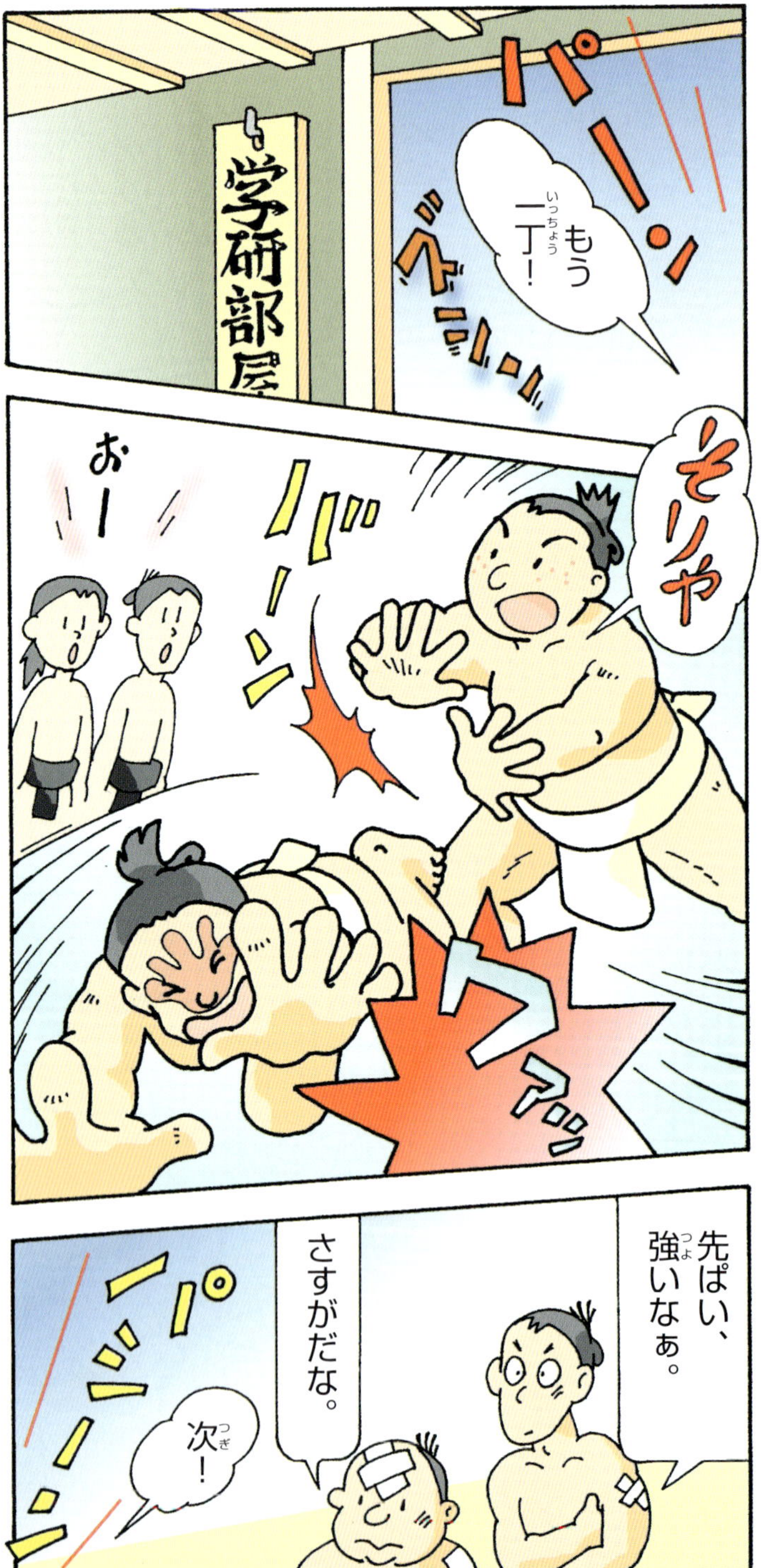

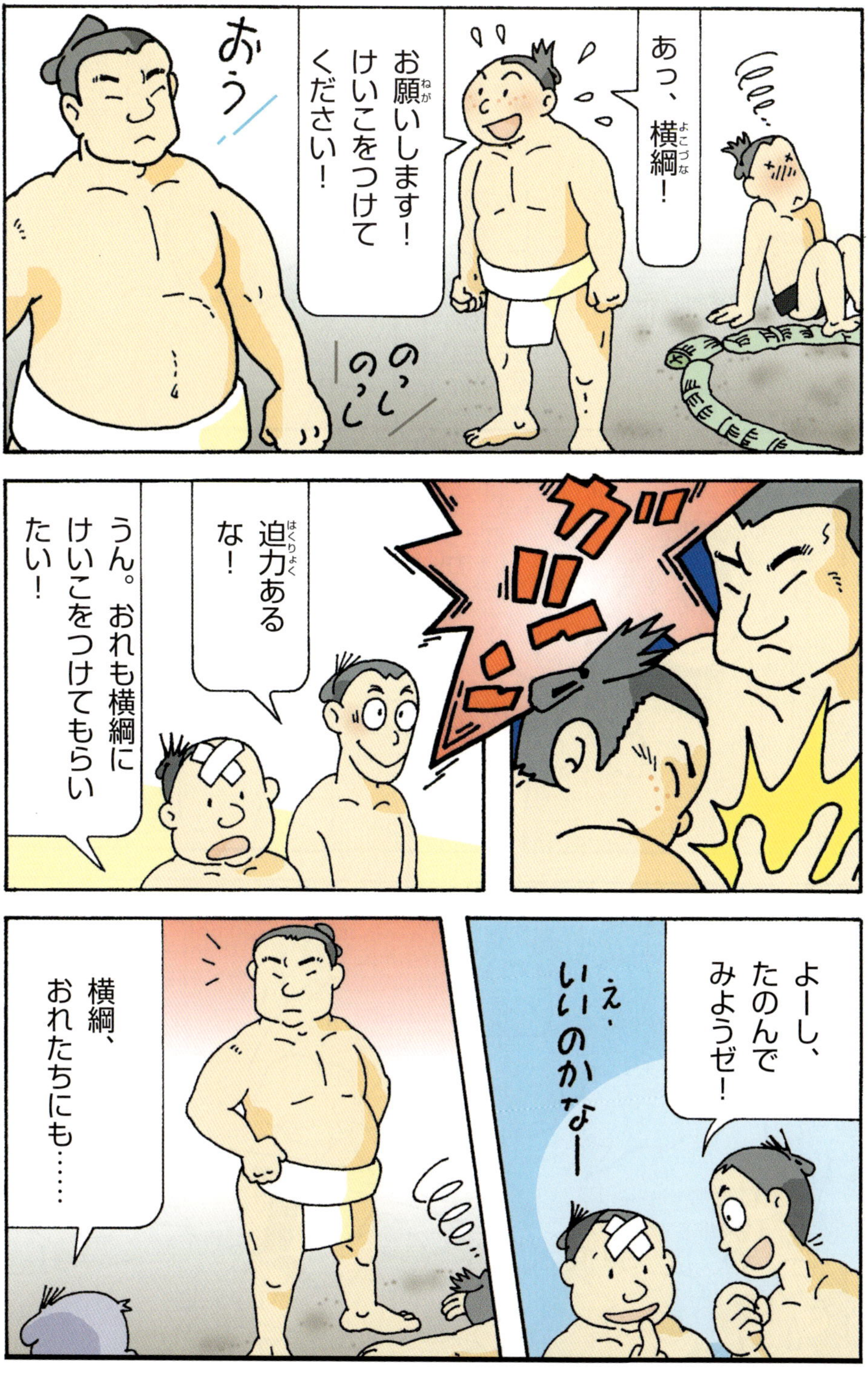
あっ、横綱《よこづな》！
お願《ねが》いします！けいこをつけてください！
おう
のっしのっし
ガツーン
迫力《はくりょく》あるな！
うん。おれも横綱にけいこをつけてもらいたい！
よーし、たのんでみようぜ！
え、いいのかなー
横綱、おれたちにも……

横綱《よこづな》、胸《むね》を借《か》りてもいいですか⁉

すもうで、横綱などの上位《じょうい》の力士《りきし》に、けいこの相手《あいて》をしてもらうことを、「胸を借りる」という。そこから、強《つよ》い相手にけいこをつけてもらうことをいうようになったんだ。

序《じょ》の口《くち》か。ふーん。

よっしゃ！けいこをつけてやる！

ありがとうございます‼

よしッ、思《おも》いっきり行《い》くぜ！

あれれ？

ひょい
まだ、胸を貸《か》せないね。

肩《かた》すかしを食《く》ったみたい。

やっぱね

あげ足《あし》を取《と》る

相手《あいて》の言《い》いまちがいやことばじりをとらえて、皮肉《ひにく》を言ったりからかったりする。

語源 すもうや柔道《じゅうどう》で、相手が足技《あしわざ》をかけようとしてあげた足を、手《て》でつかんでたおしてしまうことから。

使い方 お母《かあ》さんのあげ足を取って、しかられた。

勇《いさ》み足《あし》

調子《ちょうし》に乗《の》って度《ど》をこしてしまうこと。勢《いきお》いあまって失《しっ》敗《ぱい》すること。

語源 すもうの決《き》まり手《て》の一《ひと》つ。すもうでは、土俵《どひょう》から出《で》た者《もの》が負《ま》けだが、相手を土俵まで追《お》いつめておきながら、勢いあまって自分《じぶん》の足が先《さき》に土俵から出て負けることを、「勇み足」という。

使い方 肝心《かんじん》なところで勇み足をしてしまうのが、ぼくの欠点《けってん》だ。

肩《かた》すかし

勢《いきお》いづいた相手《あいて》をうまくかわすこと。

語源 すもうの決《き》まり手《て》の一《ひと》つ。出《で》てくる相手に対《たい》し、まともに組《く》み合《あ》わず、うまくかわして相手をたおす技《わざ》。そのことから、相手の勢いをかわすという意味《いみ》になった。

使い方 遊《あそ》びに行《い》く約束《やくそく》をしていたのに友達《ともだち》は留守《るす》で、肩すかしを食《く》ってしまった。

黒星《くろぼし》

勝負《しょうぶ》に負《ま》けること。

語源 すもうの勝《か》ち負けを記《しる》すとき、勝ちは白《しろ》い丸《まる》、負けは黒い丸で「星取《ほしと》り表《ひょう》」に書《か》いたことから。すもうでは、勝ち負けの成績《せいせき》のことを星という。

使い方 東《ひがし》の関脇《せきわけ》は連勝《れんしょう》していたが、ついに黒星がついてしまった。

軍配《ぐんばい》が上《あ》がる

勝《か》ちが決《き》まる。

語源 「軍配」は、すもうの行司《ぎょうじ》が手《て》に持《も》って、二人《ふたり》の力士《りきし》の取組《とりくみ》をさばくもちもの。勝った力士の方向《ほうこう》に軍配を上げるので、「勝ちが決まる」という意味《いみ》になった。もとは、戦国時代《せんごくじだい》の武将《ぶしょう》が軍《ぐん》を指揮《しき》するときに使《つか》った。

使い方 決勝戦《けっしょうせん》では、わたしが応《おう》えんしていたチームに軍配が上がった。

序《じょ》の口《くち》

物事《ものごと》がはじまったばかりのところ。

語源 おすもうさんの番付《ばんづけ》で、一番下《いちばんした》の位《くらい》を「序の口」といい、この位からスタートするということから、はじまったばかりという意味が生《う》まれた。はじめなのでまだまだよゆうだ、という意味にも使われる。

使い方 暑《あつ》さはまだ序の口だ。

ぬき打《う》ち

予告《よこく》もなく、いきなり何《なに》かを行《おこな》うこと。不意《ふい》打ち。

語源 刀《かたな》をぬくと同時《どうじ》に切《き》りかかり、打ちこむことから。

使い方 ぬき打ちの持《も》ち物《もの》検査《けんさ》をされても、毎日《まいにち》ちゃんとしておけばあわてずにすむ。

独《ひと》りずもう

相手《あいて》もいないのに、一人《ひとり》でいきごむこと。成果《せいか》が得《え》られそうにないことに、努力《どりょく》すること。

語源 昔《むかし》、神社《じんじゃ》などで行われた儀式《ぎしき》で、目《め》に見《み》えない精霊《せいれい》を相手にすもうを取《と》るのが、ひとりですもうを取っているように見えたことから。

使い方 家《いえ》のリフォームの計画《けいかく》は、母《はは》の独りずもうに終《お》わってしまった。

コラム

漢字《かんじ》たし算《ざん》

きみは、算数《さんすう》は得意《とくい》かな？
さあ、漢字のたし算にちょうせんしよう！

1 田＋火＝（田《た》に火《ひ》をつけるの？）

2 魚＋弱＝（弱《よわ》い魚《さかな》って？）

3 木＋堅＝（堅《かた》い木《き》？）

4 山＋上＋下＝（山《やま》を上下《じょうげ》するって？）

5 身＋美＝（美《うつく》しさを身《み》につける？）

6 風＋止＝（風《かぜ》が止《と》まること？）

正解《せいかい》

1 畑（はたけ）

2 鰯（いわし）…背中《せなか》が青《あお》く、腹《はら》は銀色《ぎんいろ》をしている海水魚《かいすいぎょ》だね。もとは、水揚《みずあ》げするとすぐに死《し》んでしまうので、「弱《よわ》し」と呼《よ》ばれていた。そこから「いわし」というようになったという説《せつ》があるよ。

3 樫（かし）

4 峠（とうげ）

5 躾（しつけ）

6 凪（なぎ）

※ここでしょうかいした漢字は、すべて日本《にっぽん》でつくられたんだ。このように、日本でつくられた漢字を国字《こくじ》というよ。

信仰《しんこう》行事《ぎょうじ》からできたことば

神《かみ》や仏《ほとけ》を信《しん》じて敬《うやま》う気持《きも》ちからできたことばだよ！

おばけ

「ばけもの」の子《こ》どもことば。動物《どうぶつ》などが化《ば》けて、あやしげな姿《すがた》であらわれるもの。

語源 本来《ほんらい》の姿《すがた》から別《べつ》のものに変《か》わるという意味《いみ》の「化ける」ということばから。

使い方 夜《よる》の神社《じんじゃ》はおばけが出《で》そうでこわい。

昔《むかし》むかし、旅《たび》をしているお坊《ぼう》さんがいました。
シンシンよ。これからあの山《やま》の頂上《ちょうじょう》を目指《めざ》すぞ。これも修行《しゅぎょう》のためだ。
ここがコンロン山の玄関口《げんかんぐち》だ。さぁ、登《のぼ》るぞ！

けわしそうな山《やま》だなぁ……登《のぼ》るのがおっくうだぜ。
チェッ
こら！　シンシン！ぐちをこぼすでない！
スミマセ〜ン。

フウフウ
ハアハア
それにしても
急《きゅう》な坂道《さかみち》だ。
いわんこっちゃない
?!
クンクン
だれだ
でてこい!
そこにかくれているヤツ、
姿《すがた》を見《み》せろ!
ガサガサ
これ、シンシン、
らんぼうはよせ。

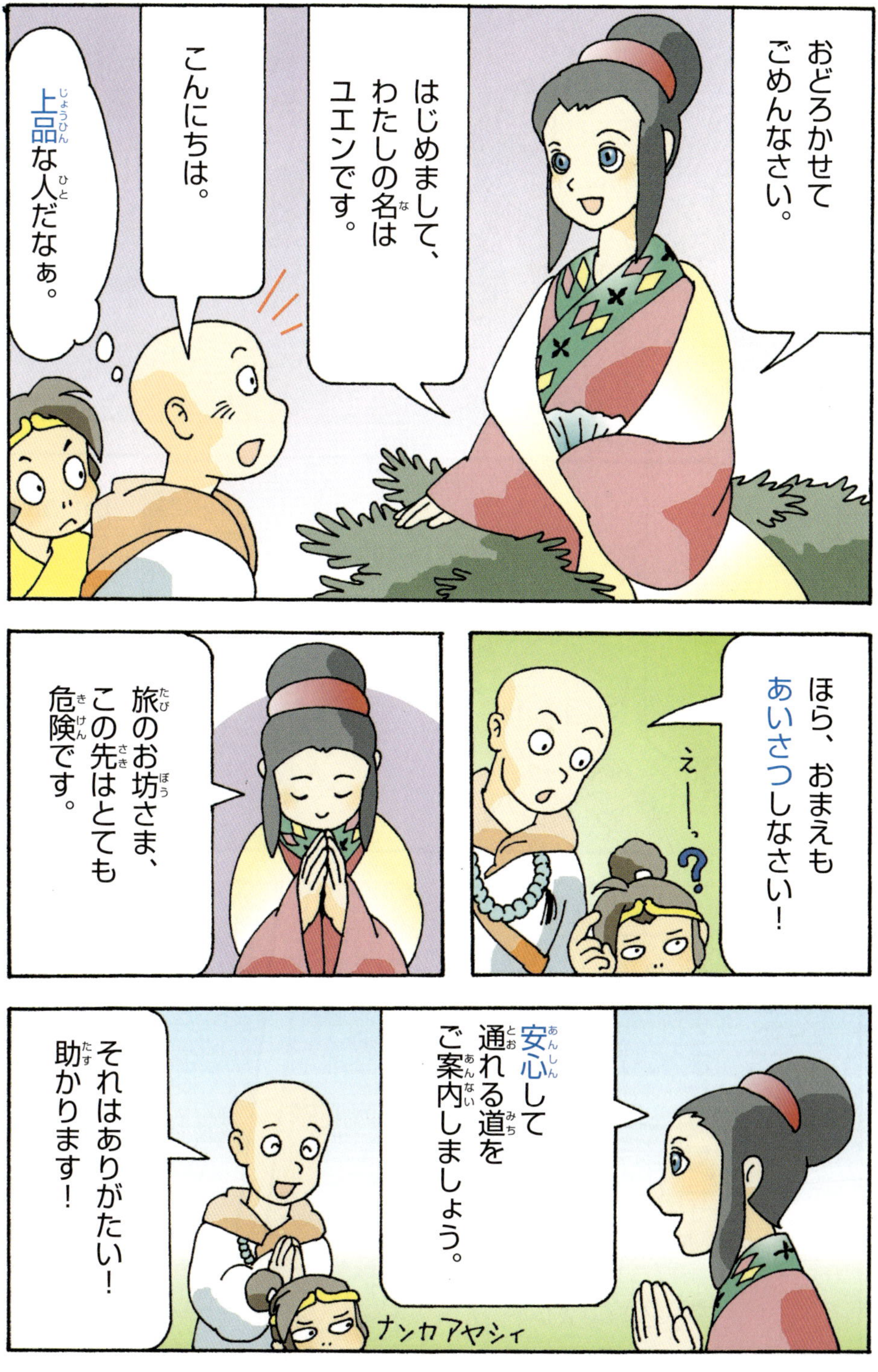
おどろかせて ごめんなさい。
はじめまして、わたしの名《な》は ユエンです。
こんにちは。
上品《じょうひん》な人《ひと》だなぁ。
ほら、おまえも あいさつしなさい！
旅《たび》のお坊《ぼう》さま、この先《さき》はとても 危険《きけん》です。
安心《あんしん》して 通《とお》れる道《みち》を ご案内《あんない》しましょう。
それはありがたい！ 助《たす》かります！
ナンカアヤシィ

こちらですわ。
ついていらしてね。
にこっ
はい
それにしても愛《あい》きょうがある人《ひと》だな♪
ピチャン
?
ドロドロドドーン!!
雲《くも》行《ゆ》きがあやしくなってきた。

でた 化物だ!
ドドドン
待《ま》っていたぜ。うまそうな人間《にんげん》どもだ。
お二人《ふたり》とも、ここはわたしにまかせて!
こりゃ一大事《いちだいじ》だぁ~。
でかすぎる
変身《へんしん》!

わー！
バサッ
わたしが相手《あいて》よ！
エ——イッ じゃまするな！
不思議《ふしぎ》だ。あの娘《むすめ》の正体《しょうたい》は鳥《とり》だったのか?!
いや、仏《ほとけ》さまの変化《へんげ》したお姿《すがた》かも……。

これがあのおばけの正体ですわ。
助《たす》かりました。ありがとう！
たすけて～
なーんだ

仏教《ぶっきょう》では、仏が人《ひと》びとを救《すく》うために人の姿に変身《へんしん》して現《あらわ》れることを、「変化」といった。これが、いつのころからか、動物《どうぶつ》などが姿を変《か》えて現れる妖怪《ようかい》や化《ば》けものの意《い》になった。「おばけ」は、化けものの子《こ》どもことば。

がまん

ぐっとこらえること。

語源 仏教《ぶっきょう》のことばで「がまん（我慢）」は、自分《じぶん》をえらいと思《おも》い、他人《たにん》を軽《かる》くみることをいう。

のちに、我《が》をはること、強情《ごうじょう》だ、という意味《いみ》になり、我をはるのは心《こころ》も強《つよ》いということから、たえしのぶ意味になった。

使い方 きらいな魚《さかな》を、がまんして食《た》べた。

またな！

じゃーなー。

あいつ、我《が》が強《つよ》いからな。

本当《ほんとう》はぼくも遊《あそ》びたい。でも……がまんしなきゃ！

ただいまー。

魚研
おかえり！

さあ！ 母《かあ》さん、仕事《しごと》を手伝《てつだ》うよ。

友達《ともだち》にはないしょだよ。

すまないねぇ
家計《かけい》が火《ひ》の車《くるま》だから、おまえにもめいわくかけるねぇ。

じゃあ、配達《はいたつ》に行《い》ってきまーす!!

気《き》をつけるのよー。

魚研
「がまん」は、身《み》も心《こころ》も強いということから、苦《くる》しみや痛《いた》みなどの気持《きも》ちをぐっとこらえて、たえしのぶという意味《いみ》になったんだね。

ぐっ

出世《しゅっせ》

高《たか》い地位《ちい》について、えらくなること。

語源 仏教《ぶっきょう》のことばで、仏《ほとけ》が人《ひと》びとを救《すく》うために、仮《かり》の姿《すがた》でこの世《よ》に現《あらわ》れること。また、世をすてて仏の道《みち》に進《すす》むことも「出世」といった。のちに公卿《くぎょう》の子《こ》が身分《みぶん》の高い僧《そう》になることも「出世」といい、高い地位につく意味《いみ》になった。

使い方 将来《しょうらい》は出世してえらい人になりたい。

わたしは、子《こ》どものころから一生《いっしょう》けんめい働《はたら》いてきた。
お届《とど》けものです！
いつもごくろうさま。
その努力《どりょく》がみのり……
大企業《だいきぎょう》の社長《しゃちょう》に出世した。
社長！ 今月《こんげつ》の売《う》り上《あ》げが出《で》ました。
10億円
5億円
¥
$
€
今《いま》までずいぶんとお金《かね》をもうけた。

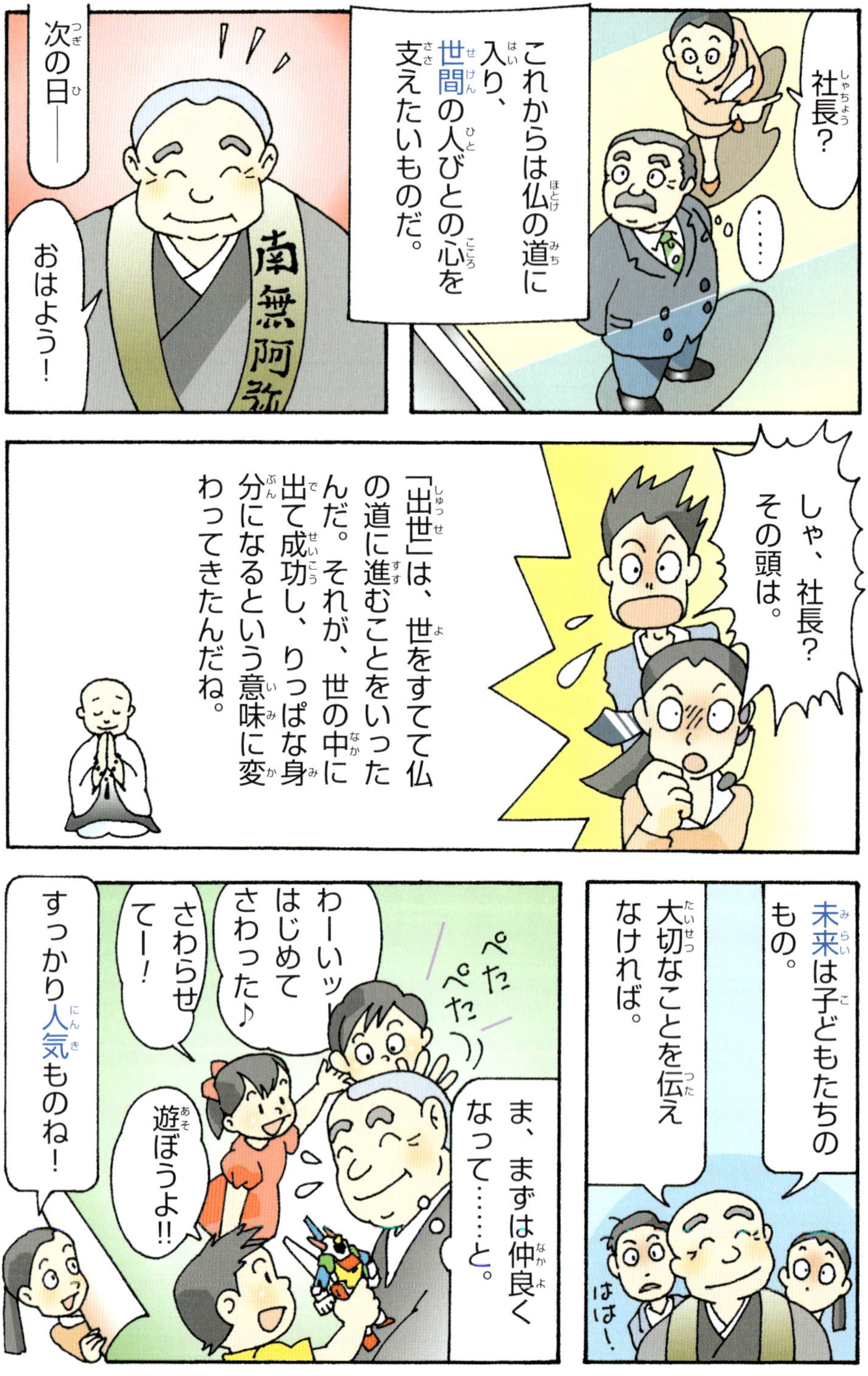

社長《しゃちょう》?

……

これからは仏《ほとけ》の道《みち》に入《はい》り、世間《せけん》の人《ひと》びとの心《こころ》を支《ささ》えたいものだ。

次《つぎ》の日《ひ》――

おはよう!

しゃ、社長? その頭は。

「出世《しゅっせ》」は、世《よ》をすてて仏の道に進《すす》むことをいったんだ。それが、世の中《なか》に出《で》て成功《せいこう》し、りっぱな身《み》分《ぶん》になるという意味《いみ》に変《か》わってきたんだね。

未来《みらい》は子《こ》どもたちのもの。

大切《たいせつ》なことを伝《つた》えなければ。

ははー!

ま、まずは仲良《なかよ》くなって……と。

ぺたぺた
わーいッ はじめてさわった♪

さわらせてー!

遊《あそ》ぼうよ!!

すっかり人気《にんき》ものね!

愛《あい》きょう

かわいらしくて親《した》しみやすいこと。

語源 おだやかで、愛情《あいじょう》に満《み》ちた仏様《ほとけさま》の表情《ひょうじょう》を「愛敬相《あいぎょうそう》」ということから。のちに「あいきょう」といわれるようになり、「敬」も、かわいらしいという意味《いみ》の「嬌《きょう》」に変《か》えて使《つか》われるようになった。

使い方 妹《いもうと》は、愛きょうがあるので、みんなにかわいがられている。

いつもニコニコ。

あいさつ

人《ひと》と会《あ》ったり別《わか》れたりするときに、かわすことば。

語源 仏教《ぶっきょう》の禅宗《ぜんしゅう》で、師《し》が弟子《でし》に、または弟子どうしで、たがいに質問《しつもん》しあい、答《こた》えあうことを「一挨一拶《いちあいいっさつ》」というのがもと。「挨」も「拶」も押《お》すという意味で、押し合《あ》うという意味。

使い方 大《おお》きな声《こえ》であいさつすると、気持《きも》ちがいい。

テストをする！

あとの祭《まつ》り

終《お》わってしまって、もうどうすることもできないこと。

語源 祭りが終わったあとの山車《だし》（祭り用《よう》のかざり立《た》てた車《くるま》）や、祭りに使《つか》う道具類《どうぐるい》は、役《やく》に立《た》たないことから。また、祭りの次《つぎ》の日《ひ》に見物《けんぶつ》に行《い》っても何《なん》の意味《いみ》もないから、ともいう。

使い方 試験《しけん》が終わって今《いま》さらくやしがっても、あとの祭りだ。

あみだくじ

たてに人数分《にんずうぶん》の線《せん》を引《ひ》き、適当《てきとう》に横線《よこせん》を入《い》れて、線をたどって当《あ》たりはずれを決《き》めるくじ。

語源 阿弥陀《あみだ》という仏様《ほとけさま》の頭《あたま》の後《うし》ろの、光背《こうはい》という光《ひかり》をかたどったかざりからできたことば。昔《むかし》は、線を放射状《ほうしゃじょう》に描《えが》いていて、この光背の形《かたち》とそっくりだったため、「あみだの光」といわれたことから。

使い方 ブランコに乗《の》る順番《じゅんばん》を、あみだくじで決めた。

安心《あんしん》

心配《しんぱい》なことがなくて、心《こころ》がおだやかなこと。

語源 もとは儒教《じゅきょう》のことばの「安心立命《あんしんりつめい》」で、心を安《やす》らかにして天命《てんめい》にまかせること。仏教《ぶっきょう》では「あんじんりゅうみょう（めい）」と読《よ》み、信仰《しんこう》によって心が安定《あんてい》することをいった。

使い方 おばあちゃんが病気《びょうき》から回復《かいふく》して、わたしたちは安心した。

一大事《いちだいじ》

たいへんな出来事《できごと》。重大《じゅうだい》な事件《じけん》。

語源 仏教で、仏《ほとけ》（釈迦《しゃか》）がこの世《よ》に現《あらわ》れるきっかけになったという重大事のこと。「一大事因縁《いんねん》」は、仏がこの世に出現《しゅつげん》する一番《いちばん》大事な理由《りゆう》である、生《い》きとし生けるものすべてを救済《きゅうさい》するという大目的《だいもくてき》のこと。

使い方 試験《しけん》の日《ひ》にかぜをひいたら一大事だ。

有頂天《うちょうてん》

うれしくて夢中《むちゅう》になったり得意《とくい》になったりすること。

語源 仏教《ぶっきょう》で、形《かたち》のある世界《せかい》で一番高《いちばんたか》いところを「有頂天」という。その一番高い有頂天に立《た》ったように得意・喜《よろこ》びの絶頂《ぜっちょう》にいる、という意味《いみ》からこのことばが生《う》まれた。

使い方 日曜日《にちようび》にディズニーランドに連《つ》れて行《い》ってもらえることになり、妹《いもうと》は有頂天になっている。

会釈《えしゃく》

軽《かる》くおじぎをしてあいさつすること。

語源 仏教の「和会通釈《わえつうしゃく》」からできたことば。つじつまが合《あ》わないと思《おも》う教《おし》えを照《て》らし合わせ、共通《きょうつう》の真実《しんじつ》を見《み》つけて示《しめ》すことをいう。そこからあれこれ思い合わせる意味となり、さらに思いやり、気配《きくば》りの意味となった。

使い方 近所《きんじょ》の人《ひと》に会《あ》ったので、会釈をした。

えんま顔《がお》

こわい顔《かお》。

語源 えんま（閻魔）は、地獄《じごく》の王《おう》で、いつもおこった顔をしていることから。

使い方 帰《かえ》りがおそくなったら、父《ちち》がえんま顔でげんかんに立《た》っていた。

応用《おうよう》

あるりくつや知識《ちしき》を、ほかのことや実際的《じっさいてき》なことにあてはめて使《つか》うこと。

語源 仏《ほとけ》は、人《ひと》びとを救《すく》うために時《とき》と場所《ばしょ》に応《おう》じて姿《すがた》を変《か》えて現《あらわ》れ、その場面《ばめん》に応じた働《はたら》きをするということから。

使い方 応用問題《もんだい》を解《と》くために、基礎《きそ》の知識をしっかりと身《み》につけておこう。

お下《さ》がり

目《め》上《うえ》の人《ひと》からもらった、その人の使《つか》った服《ふく》や品物《しなもの》など。

語源 神様《かみさま》にお供《そな》えしたものを取《と》り下げるという意味《いみ》から。

使い方 このワンピースは、お姉《ねえ》ちゃんのお下がりだ。

おっくう

あまり気《き》がすすまないこと。めんどくさがること。

語源 「劫《こう》」は仏教《ぶっきょう》のことばで、測《はか》れないほど長《なが》い時間《じかん》のこと。「おっこう（億劫）」は、その長い時間の一億倍《いちおくばい》という意味で、どうにもならないくらい気が遠《とお》くなるということから。転《てん》じて「おっくう」と読《よ》み、今《いま》の意味が生《う》まれた。

使い方 おっくうがらずに、部屋《へや》のそうじをしなさい。

ぐち

言《い》ってもしかたのないことを、くどくど言ってなげくこと。

語源 仏教《ぶっきょう》のことばで、正《ただ》しいかまちがっているかを判断《はんだん》することができないこと。おろかであることという意味《いみ》から。

使い方 おばあさんはいつもぐちをこぼして、おじいさんにたしなめられている。

欲《ほ》しいなら、
ぬすんじゃえ！
おーい
まちがっているよ～
どうしよう。

玄関《げんかん》

建物《たてもの》の出入《でい》り口《ぐち》。

語源 もとは仏教のことばで、仏教を学《まな》ぶ道《みち》に入《はい》るときの入り口をいった。ここから寺《てら》の入り口をさすようになり、さらにいろいろな建物の入り口をあらわすようになった。

使い方 我《わ》が家《や》の玄関は、表通《おもてどお》りに面《めん》している。

ここが入り口か……。

ざんまい

ものごとに熱中《ねっちゅう》し、そればかりしていること。

語源 古代《こだい》インドの、「心《こころ》を一《ひと》つのことに集中《しゅうちゅう》して、気持《きも》ちがおだやかになる」という意味《いみ》のことばを、日本語読《にほんごよ》みしたことば。ふつう、ほかの名詞《めいし》をつけて、「読書《どくしょ》ざんまい」「ぜいたくざんまい」というふうに使《つか》う。

使い方 連休中《れんきゅうちゅう》は、雨《あめ》が続《つづ》いたため、家《いえ》でゲームざんまいとなった。

しっぺ返《がえ》し

自分《じぶん》がされたことに対《たい》し、すかさず同《おな》じようなし返《かえ》しをすること。

語源 「しっぺ」は、「しっぺい（竹篦）」とよばれる竹製《たけせい》の平《ひら》たい棒《ぼう》。座《ざ》ぜんを組《く》むとき、ほかのことを考《かんが》えて姿勢《しせい》をくずすと、指導僧《しどうそう》がこれで打《う》ちすえる。そこから、人差《ひとさ》し指《ゆび》と中指《なかゆび》をそろえて相手《あいて》の手首《てくび》などを打つ子《こ》どもの遊《あそ》びを「しっぺ」という。「しっぺ返し」は、自分を打った人にすぐ打ち返すことから。

使い方 地球温暖化《ちきゅうおんだんか》は自然《しぜん》のしっぺ返しだ。

七宝《しっぽう》

いろいろな色《いろ》のガラス質《しつ》の釉薬《ゆうやく》を、金属《きんぞく》に焼《や》きつける工芸品《こうげいひん》。

語源 「しちほう」ともいう。仏教《ぶっきょう》のことばで七種類《ななしゅるい》の宝石《ほうせき》のことで、のちに貴金属《ききんぞく》の装飾《そうしょく》のこともいうようになったといわれる。

使い方 母《はは》は、おばあちゃんのかたみとして、七宝のブローチを大切《たいせつ》にしている。

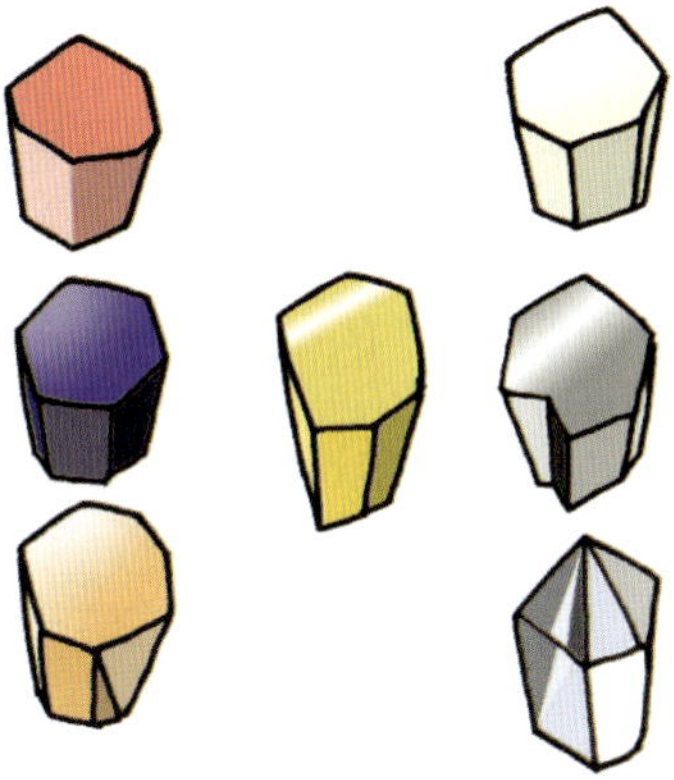

四天王《してんのう》

ある一《ひと》つの分野《ぶんや》で、とくにすぐれた四人《よにん》のこと。

語源 仏教を守《まも》る神《かみ》の、帝釈天《たいしゃくてん》に仕《つか》えて、東西《とうざい》南北《なんぼく》の四《よっ》つの方角《ほうがく》を守る持国天《じこくてん》・増長天《ぞうじょうてん》・広目《こうもく》天《てん》・多聞天《たもんてん》のこと。ここから、とくにすぐれた四人を四天王とよぶようになった。

使い方 この道場《どうじょう》の四天王。

正念場《しょうねんば》

ここぞ、というような大《だい》事《じ》な場《ば》面《めん》。

語源 「正念」は、仏教《ぶっきょう》のことばで、よけいなことを考《かんが》えずに常《つね》に仏《ほとけ》の教《おし》えを守《まも》ろうとする心《こころ》のこと。また、歌舞伎《かぶき》で、役《やく》の性根《しょうね》（根本的《こんぽんてき》な性格《せいかく》）を発揮《はっき》させる大事な場面を「性根場《しょうねば》」といったことから。

使い方 ここが正念場だと思《おも》い、全力《ぜんりょく》で闘《たたか》う。

上品《じょうひん》

品《ひん》がよいこと。上等《じょうとう》なもの。

語源 もとは仏教のことばで「上品《じょうぼん》」といい、極楽往生《ごくらくおうじょう》を願《ねが》う人《ひと》を、その人の性質《せいしつ》や生《い》きていた間《あいだ》の行《おこな》いのちがいにより、九段階《きゅうだんかい》（九品《くぼん》）に分《わ》けたうちの、上位《じょうい》の三《みっ》つの総称《そうしょう》。ここから、上等なものという意味《いみ》となった。

使い方 まなぶさんのお母《かあ》さんは上品だ。

世間《せけん》

人間《にんげん》が集《あつ》まって生活《せいかつ》する世《せ》界《かい》。また、世《よ》の中《なか》の人《ひと》びと。

語源 仏教《ぶっきょう》のことばで、とどまらずにうつり変《か》わっていく世界のこと。また、世の中の生《い》きているもののこと。ここから、人びとが生活している世の中という意味《いみ》となった。

使い方 仕事《しごと》をしないで遊《あそ》んでいると、世間の風当《かぜあ》たりがきびしい。

醍醐味《だいごみ》

ものごとの一番《いちばん》おもしろいところ。深《ふか》い味《あじ》わい。

語源 昔《むかし》、牛乳《ぎゅうにゅう》から作《つく》られる「醍醐」という甘《あま》味《み》のある液体《えきたい》は、最高《さいこう》においしいものとされた。そこから、仏教では、最上《さいじょう》の教《おし》えを特別《とくべつ》おいしい食《た》べ物《もの》にたとえて「醍醐味」というようになった。のちには、ものごとの深い味わいという意味でも使《つか》われるようになった。

使い方 劇場《げきじょう》で生《なま》のしばいをみて、舞台《ぶたい》の醍醐味を味わった。

だいごです。
味わいましょう。

大衆《たいしゅう》

大勢《おおぜい》の人《ひと》びと。社会一般《しゃかいいっぱん》の人びと。民衆《みんしゅう》。

語源 仏教《ぶっきょう》では「だいしゅ」といっていたのが、その語源《ごげん》。大勢の仲間《なかま》、多数《たすう》の僧《そう》の集《あつ》まりをさす。

使い方 大衆にもまれて強《つよ》くなる。

台無《だいな》し

めちゃくちゃになり、役《やく》に立《た》たなくなること。

語源 「台」は、仏像《ぶつぞう》を安置《あんち》しておく台座《だいざ》のこと。台がないと、仏様《ほとけさま》のありがたみがなくなってしまうことから。

使い方 台風《たいふう》で、大切《たいせつ》に育《そだ》てた稲《いね》が台無しになった。

道具《どうぐ》

ものを作《つく》ったり、ふだんの生活《せいかつ》で何《なに》かをするときに使《つか》ったりする、いろいろなもの。

語源 もとは、僧《そう》が仏道《ぶつどう》の修行《しゅぎょう》をするときに必《ひつ》要《よう》な、衣《ころも》や鉢《はち》などの「仏道の具」をさした。

使い方 父《ちち》が大工《だいく》道具で犬小屋《いぬごや》を作ってくれた。

さぁ、修行しよう！

ないしょ

人《ひと》に知《し》られないようにかくすこと。ひみつ。

語源 もとは仏教《ぶっきょう》のことばの「内証《ないしょう》」で、自《じ》分《ぶん》で自分の心《こころ》の中《なか》で真理《しんり》をさとること。人の心は外《そと》からは知ることができないので、「ひみつにする」という意味《いみ》が生《う》まれた。

使い方 わたしは、ないしょ話《ばなし》がきらいだ。

さとった！

仁《に》王《おう》立《だ》ち

いかめしく、力強《ちからづよ》く立《た》つこと。

語源 仁王は、こわい顔《かお》をした力強い一対《いっつい》の神《かみ》。多《おお》く、寺《てら》の門《もん》の両側《りょうがわ》に立って、仏法《ぶっぽう》を守《まも》っている。その力強いどっしりとした立ち方《かた》に似《に》ていることから。

使い方 キーパーは仁王立ちでゴールを守っていた。

人《にん》気《き》

ある人《ひと》に対《たい》するみんなからのよい評判《ひょうばん》。

語源 仏教《ぶっきょう》のことばで、人の息《いき》のこと。「気」は「元気《げんき》」と同《おな》じ生命《せいめい》の原動力《げんどうりょく》となる勢《いきお》いのこと。

使い方 その動物園《どうぶつえん》では、コアラが一番《いちばん》人気だ。

火《ひ》の車《くるま》

お金《かね》が足《た》りなくて、生活《せいかつ》が苦《くる》しいこと。

語源 仏教《ぶっきょう》で、地獄《じごく》にある火のもえている車を「火車《かしゃ》」という。これを訓読《くんよ》みして「火の車」といった。生《い》きている間《あいだ》に悪《わる》いことをした人《ひと》は、この車で地獄に運《はこ》ばれ、たいへんな苦しみをあたえられるといわれる。このことから、ひどくつらい生活をすることを「火の車」というようになった。

使い方 今月《こんげつ》は家計《かけい》が火の車だ。

不《ふ》思《し》議《ぎ》

人間《にんげん》の力《ちから》では考《かんが》えられないようなこと。なぜそうなのか知《し》ろうとしてもわからないこと。

語源 心《こころ》で思《おも》いえがくことも、ことばであらわすこともできないことを、仏教のことばで「不《ふ》可《か》思《し》議《ぎ》」というが、その「可」が省略《しょうりゃく》されてできたことば。

使い方 宇宙《うちゅう》はビッグバンによってできたという説《せつ》があるが、考えてみれば不思議なことだ。

ほら

できもしない大《おお》げさなこと。でたらめなこと。

語源 「ほら」は、法螺貝《ほらがい》という巻貝《まきがい》の頭《あたま》に穴《あな》をあけて笛《ふえ》のようにしたもの。昔《むかし》、山伏《やまぶし》や戦場《せんじょう》の武士《ぶし》が合図《あいず》などに使《つか》った。そのほらの音《おと》があまりに大《おお》きいことから、「大げさな」という意味《いみ》が生《う》まれた。

使い方 ほらをふいてばかりいると、そのうちみんなに信用《しんよう》されなくなるよ。

未来《みらい》

これから先《さき》。将来《しょうらい》のこと。

語源 仏教《ぶっきょう》では、生まれる前《まえ》のことを前世《ぜんせ》、生《い》きている今《いま》を現世《げんせ》、死《し》んだ後《あと》の世界《せかい》のことを来世《らいせ》という。未来は来世と同《おな》じ意味。今では、過去《かこ》・現在《げんざい》に対《たい》して、まだ来《き》ていない時《とき》の部分《ぶぶん》、つまり将来という意味で使われる。

使い方 未来のことはだれにもわからないからこそ、わくわくするのだ。

コラム キリスト教《きょう》に由来《ゆらい》することば

西洋には、キリスト教という宗教がある。これはイエス＝キリストの教《おし》えをその弟子《でし》たちが広《ひろ》めたもので、日本《にっぽん》には一五四九年《ねん》にザビエルによって伝《つた》えられた。そのキリスト教に由来するものを集《あつ》めてみたよ！

洗礼《せんれい》

高校野球《こうこうやきゅう》の優勝《ゆうしょう》ピッチャーが、プロ野球の初登板《はつとうばん》でホームランをたくさん打《う》たれて、「プロの洗礼を受《う》けました…」なんて言《い》うこと、あるよね。キリスト教の信者《しんじゃ》になるときに最初《さいしょ》に受けるぎしきを「洗礼」というんだ。ここからある分野《ぶんや》での初《はじ》めての経験《けいけん》を「洗礼」というようになったんだよ。

バイブル

ある分野で最《もっと》もすぐれていて、必《かなら》ず読《よ》んだほうがよいとされる本《ほん》を「バイブル」と呼《よ》ぶ。これは、キリスト教の教えを記《しる》してある『聖書《せいしょ》』のことなんだ。キリスト教の信者にとって必ず読まなければならないものが『聖書』であることからきたことばだよ。

豚《ぶた》に真珠《しんじゅ》

値打《ねう》ちのわからない者《もの》に、値打ちのあるものをあたえてもむだだ、という意味《いみ》。『新約聖書《しんやくせいしょ》』の「マタイ福音書《ふくいんしょ》」に、「豚に真珠を投《な》げ付《つ》けても、豚はその価値《かち》がわからないから、豚はおこって真珠をふんづけてあなたを追《お》いかけるだろう」とあるんだ。

目《め》からウロコが落《お》ちる

今《いま》までわからなかったことが、あることをきっかけにハッキリわかったときなどに言うことばだね。これは、『新約聖書』の「使徒言行録《しとげんこうろく》」にある話《はなし》なんだ。イエスを迫害《はくがい》したサウロは視力《しりょく》を失《うしな》ったが、イエスの使《つか》いが来《く》ると、急《きゅう》に目からうろこのようなものが落ちて視力を取《と》りもどした、という話がもとになっているんだよ。

外《がい》国《こく》語《ご》を日《に》本《ほん》語《ご》に訳《やく》したことば

西洋《せいよう》のことばを日本語に訳したことばだよ!

電話《でんわ》

はなれた場所《ばしょ》にいる人《ひと》に声《こえ》を伝《つた》え、話《はなし》ができるようにした機械《きかい》。

語源 一八七六年《ねん》、ベルが発明《はつめい》した「テレフォン」を、日本の技師《ぎし》が、「電話」「電話機《き》」ということばに訳したことから。

使い方 お母《かあ》さんに電話をかける。

もしもし、あ、お母さん? 今《いま》から家《いえ》に帰《かえ》るね。
けい帯《たい》電話って便利《べんり》ね。
ピッ
いったいだれが発明《はつめい》したの?
もともと電話を発明したのは、アレキサンダー・グラハム・ベルというアメリカ人《じん》よ。

一八七六年《ねん》 アメリカ
ワトソンくん、用《よう》があるから ちょっと こっちに 来《き》てくれ！
ベル
ワトソンくん、用があるから ちょっと こっちに 来てくれ！
聞《き》こえた！
ワトソン
やった、成功《せいこう》だ！
おめでとう ございます！
telephone《テレフォーン》
ハーバード大学《だいがく》の 日本人留学生《にほんじんりゅうがくせい》が 来ています。
ベル教授《きょうじゅ》、おめでとう ございます！
教授、この テレフォンを ぜひ日本にも しょうかい したいです。
もちろん、いいとも！

一八七七年《ねん》 日本《にっぽん》
テレフォンって、すごいな。
工部省《こうぶしょう》※
よし！ ぼくもベル教授《きょうじゅ》のテレフォンを参考《さんこう》にして作《つく》ってみよう。
次《つぎ》の年《とし》 国産第一号《こくさんだいいちごう》だ！
ジャーン
これをなんと呼《よ》ぼうか？
英語《えいご》のテレフォンは、日本人《じん》にとってことばの意味《いみ》がわかりにくい。テレフォンを日本語《にほんご》に訳《やく》して「電話」と呼ぼう！
電線《でんせん》を使《つか》って話《はな》すしね！
ふーーん

※工部省は、現在《げんざい》の経済産業省《けいざいさんぎょうしょう》のこと。

その後《ご》、電話《でんわ》は、どんどん発達《はったつ》したわ。ダイヤル式《しき》からプッシュホン式の電話になり、そして携帯《けいたい》電話が登場《じょう》した。こうしてわたしたちの社会《しゃかい》になくてはならないものになっていったの。

うん！

じゃーさ、電話で話《はな》す前《まえ》に「もしもし」って言《い》うのは、どうしてなの？

ワカラン
アメリカでは話す前に……

ハロー。

英語《えいご》で「ハロー」と言うわ。日本語《にほんご》の「もしもし」は「申《もう》し」を二《ふた》つ重《かさ》ねたことばで、人《ひと》に呼《よ》びかける語なのよ。

もうし、もうし。

けっこうもの知りだね
あ、お母《かあ》さんから電話だ。

チャラリーラーラー
早《はや》く帰《かえ》ってきなさい！

わ

野球《やきゅう》

アメリカではじまったスポーツ。九人《きゅうにん》ずつの二《ふた》つのチームに分《わ》かれて、攻撃《こうげき》と守備《しゅび》をくり返《かえ》し、得点《とくてん》を競《きそ》い合《あ》う。

語源 英語《えいご》のベースボールの訳語《やくご》。第一高等学校《だいいちこうとうがっこう》（今《いま》の東京大学《とうきょうだいがく》）の学生《がくせい》が考《かんが》え出《だ》したといわれる。

使い方 夢《ゆめ》は、プロ野球の選手《せんしゅ》になることだ。

明治時代《めいじじだい》
今日《きょう》は、諸君《しょくん》に外国《がいこく》のスポーツを教《おし》えます。
ピッチャーがボールを投《な》げて――
バッターが打《う》つ。
このスポーツを、ベースボールといいます。
ワー
コキーン
ワー
そうだ！ ベースボールというのはわかりづらいから「野球」と呼《よ》ぼう！
野外でする球技だし。

今日《きょう》は、みなさんにテニスというスポーツをしょうかいします。
庭《にわ》でもできるから、「庭球《ていきゅう》」と呼《よ》ぶのはどうかしら。
あ!
いいですわ
じゃあ、ボウリングは何《なん》というの?
球《たま》を転《ころ》がすから、「転球《てんきゅう》」かな?
棒林具《ぼうりんぐ》だったりして!
アハハ

一石二鳥《いっせきにちょう》

一《ひと》つの行動《こうどう》で二《ふた》つのよい結《けっ》果《か》を得《え》ることのたとえ。

語源 英語《えいご》のことわざを訳《やく》したことば。「一つの石《いし》で二《に》羽《わ》の鳥《とり》をしとめる」という意味《いみ》のことわざを、「一石二鳥」ということばに訳した。四字《よじ》熟語《じゅくご》だが、中国《ちゅうごく》からきたことばではない。

使い方 一石二鳥の名案《めいあん》がひらめいた。

銀行《ぎんこう》

みんなからお金《かね》をあずかったり、お金を貸《か》したりするところ。

語源 英語の「バンク」を訳したことば。江戸《えど》時代《じだい》の末《すえ》には「両替屋《りょうがえや》」などと訳していた。「銀行」ということばが使《つか》われるようになったのは、明治《めいじ》十年《ねん》ごろから。そのころのお金の制度《せいど》が銀中《ちゅう》心《しん》だったため、「金《きん》」ではなく「銀」を使ったといわれる。

使い方 お年玉《としだま》でもらったお金を銀行にあずけた。

経済《けいざい》

生活《せいかつ》に必要《ひつよう》なものを作《つく》ったり、売《う》り買《か》いしたりするしくみや働《はたら》き。お金《かね》のやりくり。

語源 「経世済民《けいせいさいみん》」（世《よ》を治《おさ》め、人《ひと》びとの苦《くる》しみを救《すく》うこと）の略《りゃく》で、昔《むかし》の中国《ちゅうごく》にあったことば。これを、英語《えいご》の「エコノミー」の訳《やく》に使《つか》った。明《めい》治《じ》時代後期《じだいこうき》から広《ひろ》く「経済」というようになった。

使い方 大学《だいがく》に入《はい》ったら、経済について勉強《べんきょう》したいと思《おも》う。

社会《しゃかい》

たがいにたすけあって生《せい》活《かつ》している人びとの結《むす》びつき。世の中《なか》。

語源 英語の「ソサイエティー」を訳したことば。最初《さいしょ》は「交際《こうさい》」「仲間《なかま》」「社中《しゃちゅう》」などと訳されたが、明治八年《ねん》に新聞記者《しんぶんきしゃ》の福地桜痴《ふくちおうち》が、「東京日日新聞《とうきょうにちにちしんぶん》」の中で「社会」と使ったのが始《はじ》まり。

使い方 国際《こくさい》社会に果《は》たす日本《にっぽん》の役割《やくわり》を考《かんが》えよう。

卓球《たっきゅう》

中央《ちゅうおう》にネットをはった台《だい》の上《うえ》で、ラケットでたまを打《う》ち合《あ》う競技《きょうぎ》。

語源 英語《えいご》の「ピンポン」を訳《やく》したことば。日本《にっぽん》に伝《つた》わったのは一九〇二年《ねん》で、卓上《たくじょう》で行《おこな》うこと、卓越《たくえつ》した球技《きゅうぎ》であることから、「卓球」と名《な》づけられた。

使い方 卓球選手《せんしゅ》の愛《あい》ちゃんは、アテネオリンピックに出場《しゅつじょう》した。

テーブルの上で玉《たま》を打つのさ！

庭球《ていきゅう》

中央のネットをはさみ、ラケットでボールを打ち合う競技。

語源 英語の「テニス」を訳したことば。日本にテニスが伝来《でんらい》したのは、一八七五年ごろで、「球《たま》うち」「打球《だきゅう》」「庭《にわ》の遊《あそ》び」などといわれていた。のちに、「庭で行う競技」から庭球と訳したといわれている。

使い方 兄《あに》は、軟式《なんしき》庭球部《ぶ》のコーチだ。

テニスクラブ
女性《じょせい》だけなのか……。

背景《はいけい》

絵《え》や写真《しゃしん》などで、おもにあらわしたいものの後《うし》ろの部《ぶ》分《ん》。また、ある人《ひと》や事件《じけん》についてのかくされた事《じ》情《じょう》をいう。

語源 英語《えいご》の「バックグラウンド」を訳《やく》したことば。もとは、演劇《えんげき》の舞台《ぶたい》で後ろに描《えが》いた風景《ふうけい》のことをいった。明治時代後期《めいじじだいこうき》に広《ひろ》まったことば。

使い方 名探偵《めいたんてい》シャーロック・ホームズが、事件の背景をさぐった。

論理《ろんり》

考《かんが》え方《かた》の筋道《すじみち》。議論《ぎろん》を進《すす》めていくときの正《ただ》しい筋道。

語源 英語の「ロジック」を訳したことば。「論理」はもとは中国《ちゅうごく》のことばで、「おさめる」という意味《いみ》だった。明治時代にロジックの訳語《やくご》として日本《にっぽん》で使《つか》われるようになり、広く知《し》られるようになった。

使い方 論理的《てき》に書《か》かれた文章《ぶんしょう》は、わかりやすい。

コラム

カンニングするのは、ズルイ！

「カンニングをしてはいけません！」なーんて、先生《せんせい》にしかられたことはないだろうね！　日本《にっぽん》でカンニングといえば、テストのときの不正行為《ふせいこうい》をさす。でも、英語《えいご》でいう「カンニングする（cunning）」は、「ずるい」とか「悪知恵《わるぢえ》」とかいう意味《いみ》になる。英語で「試験《しけん》で不正行為をする」は、cheat《チート》 in《イン》 the《ジ》 exam《イグザム》　というんだ。
ここでは、外国語《がいこくご》を日本独自《どくじ》の意味で使《つか》っていることばをしょうかいするよ！

外国では意味が通《つう》じない？　原語《げんご》と意味のちがうことば

ルーズ……日本では、「時間《じかん》にルーズだ」とか言《い》うよね。この場合《ばあい》の「ルーズ」は「だらしない」という意味で使っている。でも、英語でルーズ（lose）といったら、「負《ま》ける、失《うしな》う」という意味になっちゃうよ。

アルバイト……アルバイトはドイツ語で、「仕事《しごと》」や「研究《けんきゅう》、事業《じぎょう》」をあらわす。日本では「本業以外《ほんぎょういがい》の仕事、副業《ふくぎょう》」という意味で使われているね。

ファイト……日本では、スポーツ競技《きょうぎ》で選手《せんしゅ》を応援《おうえん》するときなどに、「ファイト！」と言うよね。日本語では「がんばれ」とか、「根性《こんじょう》」という意味で使われているけれど、英語では、「戦闘《せんとう》、格闘《かくとう》」「なぐり合《あ》い」を意味する。また、「闘争心《とうそうしん》、闘志《とうし》」などの意味でも使われるよ。

外《がい》国《こく》からやってきたことば
ポルトガル語《ご》や英語《えいご》など、外国語に由来《ゆらい》することばだよ！

西洋《せいよう》の故事《こじ》や書物《しょもつ》に由来《ゆらい》することばだよ！

アキレスけん

足《あし》のかかとにある太《ふと》いけん。また、かくれた弱点《じゃくてん》、欠点《けってん》のこと。

語源 ギリシア神話《しんわ》の英雄《えいゆう》アキレスは、かかとの後《うし》ろの部分《ぶぶん》がただ一《ひと》つの弱点だったことから。

使い方 陸上《りくじょう》の練習中《れんしゅうちゅう》に、アキレスけんをけがしてしまった。

二〇〇四年《ねん》　ギリシアの都市《とし》、アテネ
がんばれ！
ニッポン！！
ワァーッ
リレー
win！
ギリシアは、オリンピックの発《はっ》しょうの地《ち》なんだよね。
そうよ！

ギリシアにはいろいろな神話《しんわ》があるのよ。知《し》ってた？
古代《こだい》ギリシア
オギャア！
元気《げんき》な男《おとこ》の子《こ》だ。りっぱに育《そだ》てよ。
オンギャ
ンギャッ
ンギャッ
女神《めがみ》テティス
わたしは神《かみ》だけれど夫《おっと》は人間《にんげん》……この子《こ》の命《いのち》も限《かぎ》りがある。
アキレウス（アキレス）
ステュクスの水《みず》に身《み》をひたせば、この子《こ》は不死身《ふじみ》になる。
冥界《めいかい》の河《かわ》ステュクス
いつまでも母《はは》とともに生《い》きるのよ。
それから十数年《すうねん》の歳月《さいげつ》が流《なが》れた。

トロイ戦争《せんそう》
紀《き》元《げん》前《ぜん》十二世《せい》紀《き》
ワー!
ワー
ワアァァ
アキレウス、参上《さんじょう》!
不死身《ふじみ》の勇者《ゆうしゃ》だ!
かなわないッ にげろ〜!
ドドドドドッ
太陽王《たいようおう》アポロン
アキレウスを なんとか倒《たお》さ なければ……

わがギリシア軍《ぐん》に栄光《えいこう》あれ!
オーッ
パリス
アキレウスの弱点《じゃくてん》にあてさせよう。
うあっ!
ブツッ
ギリシア神話《しんわ》の英雄《えいゆう》アキレスは、刀《かたな》で切《き》られても矢《や》に当《あ》たっても死《し》なない「不死身《ふじみ》」の勇者《ゆうしゃ》と信《しん》じられていた。しかし、トロイ戦争《せんそう》のとき、たった一《ひと》つの弱点だった、かかとの後《うし》ろの部分《ぶぶん》に矢がささり、死《し》んでしまった。
ざんねん…
そっかぁ……。だから弱点のことをアキレスけんっていうのか……。
勇士《ゆうし》、アキレウスの故事《こじ》からできたことばだったのね。

ねえ、もうすぐ決勝戦《けっしょうせん》が始《はじ》まるよ！
ちょっとその前《まえ》に腹《はら》ごしらえ♪
オッ、このニオイは！
うまそー！いっただきまーす！
セルフサービスですね
パフェ
シュークリーム
サンドイッチ
パクパク
ガツガツ
アッ！
こらーッ!!選手《せんしゅ》の食事《しょくじ》だぞ！
勝手《かって》に食《た》べたばつとして、皿洗《さらあら》いをしなさい！
サボるなよ！
ひえ～。
パチン
シャボン玉《だま》
ワーッ
ばかね～。

アンカー

リレー競技《きょうぎ》で最後《さいご》に走《はし》る人《ひと》や、最後に泳《およ》ぐ人をいう。

語源 「アンカー」は英語《えいご》で船《ふね》のいかり。船を安定《あんてい》させる部分《ぶぶん》という意味《いみ》で、リレーで最後の追《お》いあげをする一番《いちばん》たよりになる人を「アンカー」と呼《よ》ぶようになった。

使い方 拓也《たくや》くんは、運動会《うんどうかい》で四百《よんひゃく》メートルリレーのアンカーに選《えら》ばれた。

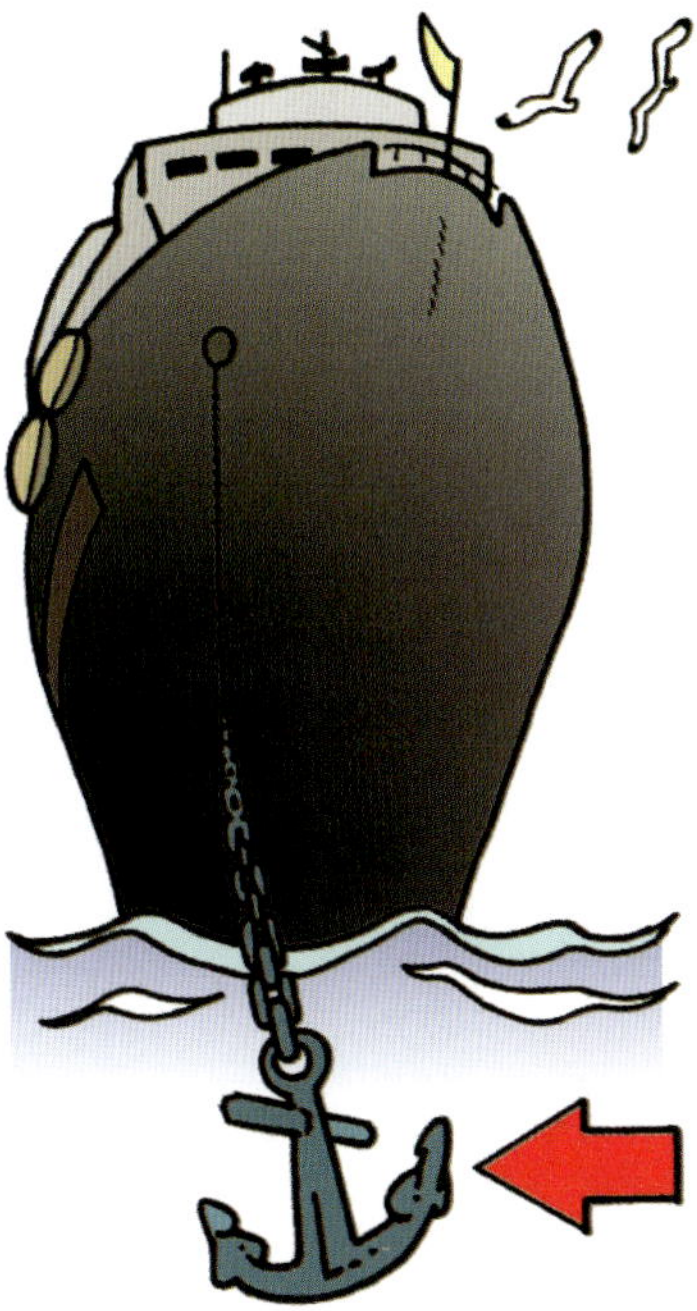

OK《オーケー》

いいですよ。承知《しょうち》しました。よろしい。（※許可《きょか》や同意《どうい》をあらわすことば）

語源 英語の「オール・コレクト（all correct）」の頭文字《かしらもじ》をとったことばで、正《ただ》しくは「AC《エーシー》」だが、まちがえて、あるいはわざとふざけて「OK」にしてしまったなど、いろいろな説《せつ》がある。アメリカ第七代大統領《だいななだいだいとうりょう》のジャクソンがまちがえてつづったことから、ともいわれる。

使い方 秀一《ひでいち》さんの計画《けいかく》にオーケーした。

オランウータン

スマトラなどの森《もり》の中《なか》に住《す》む、さるの仲間《なかま》。

語源 マレー語《ご》で「森の人《ひと》」という意味《いみ》。

使い方 動物園《どうぶつえん》でオランウータンの赤《あか》ちゃんを見《み》た。

カーディガン

毛糸《けいと》で編《あ》んだ、ボタンのついた前《まえ》あきの上着《うわぎ》。

語源 十九世紀《せいき》に、イギリスのカーディガン伯《はく》爵《しゃく》が愛用《あいよう》していたことから。また、かれが考《かんが》え出《だ》した衣服《いふく》ともいわれる。

使い方 クリスマスのプレゼントに、手編《てあ》みのカーディガンをもらった。

南瓜《かぼちゃ》

ウリ科《か》の仲間《なかま》で、長《なが》いつるがのび、黄色《きいろ》い花《はな》が咲《さ》く。丸《まる》く大《おお》きな実《み》をつけ、煮物《にもの》などにして食《た》べる。

語源 ポルトガル語《ご》で「カンボジア」という意《い》味《み》。十六世紀《せいき》にポルトガルの船《ふね》にのって、カンボジアから日本《にっぽん》に伝《つた》わったといわれる。「南京《ナンキン》」「唐《トウ》茄子《ナス》」などともよばれる。

使い方 かぼちゃのスープは、栄養満点《えいようまんてん》だ。

カラオケ

歌《うた》の入《はい》っていない伴奏《ばんそう》だけの音楽《おんがく》。また、それに合《あ》わせて歌うこと。

語源 「カラ」は日本語《にほんご》の「空《から》」で、歌が入っていないこと。「オケ」はオーケストラの略《りゃく》で、この二《ふた》つを合成《ごうせい》して日本でつくられたことば。

使い方 うちの家族《かぞく》はカラオケが好《す》きだ。

グレープフルーツ

黄色《きいろ》い皮《かわ》に包《つつ》まれ、みかんのように、果肉《かにく》がふさの中《なか》に入《はい》った果物《くだもの》。

語源 グレープフルーツは、ぶどうのふさのように十《じっ》こほどかたまって実《み》がなるので、ぶどうという意味《いみ》の「グレープ」が名前《なまえ》についた。

使い方 グレープフルーツを半分《はんぶん》に切《き》り、弟《おとうと》と二人《ふたり》で食《た》べた。

サボる

ずる休《やす》みをすること。

語源 フランス語《ご》の「サボタージュ」から。もとの意味は「怠業《たいぎょう》」で、労働者《ろうどうしゃ》が経営者《けいえいしゃ》とたたかうための手《て》だてとして、わざと仕事《しごと》をなまけて生産《せいさん》を落《お》とすこと。「サボタージュ」ということばは、作業《さぎょう》をおくらせるため、工場《こうじょう》の機械《きかい》を「サボ」（木《き》ぐつ）でこわしたことからできた、といわれる。

使い方 昨日《きのう》、塾《じゅく》を休んだのは、サボったのではなく、かぜをひいたからだ。

サラリーマン

毎月給料《まいつききゅうりょう》をもらう労働者《ろうどうしゃ》。

語源 サラリーマンのサラリーは英語《えいご》で「給料」という意味《いみ》。古代《こだい》ローマでは、兵士《へいし》に当時貴重品《とうじきちょうひん》だった塩《しお》を買《か》うお金《かね》をはらっていて、それをサラリウムと呼《よ》んでいたことから、サラリーということばができたといわれている。

使い方 将来《しょうらい》はサラリーマンになって出世《しゅっせ》したい。

ありがとうございます！

サンドイッチ

パンの間《あいだ》に、野菜《やさい》やハムなどをはさんだ食《た》べ物《もの》。

語源 十八世紀《せいき》に、イギリスのサンドイッチ伯爵《はくしゃく》が、カードゲームをしながら食べられる食事《しょくじ》として考《かんが》え出《だ》したといわれる。

使い方 今日《きょう》はお弁当《べんとう》にサンドイッチを持《も》ってきた。

こりゃ便利《べんり》だ！

じゃがいも

なすの仲間《なかま》の植物《しょくぶつ》。土《つち》の中《なか》に実《み》がなり、これを食《た》べる。

語源　じゃがいもは、「ジャガタラいも」が短《みじか》くなったことば。江戸時代《えどじだい》にオランダ船《せん》によって、インドネシアのジャカルタから伝《つた》えられた。オランダ語《ご》でジャカルタのことを「ジャガタラ」ということから、そのいもを「ジャガタラいも」と呼《よ》んだことから。

使い方　じゃがいもをうすくスライスして油《あぶら》であげると、ポテトチップスになる。

ジャカルタ

シャボン玉《だま》

石《せっ》けんを溶《と》かした水《みず》をふいてつくる、あわ玉のこと。

語源　石けんは十六世紀《せいき》に日本《にっぽん》に伝えられた。「シャボン」は、ポルトガル語で石けんをあらわす「サボ」が変化《へんか》したものとも、スペイン語で石けんをあらわす「ハボン」が変化したものともいわれる。

使い方　妹《いもうと》がシャボン玉で遊《あそ》んでいる。

きれいになったわ!
石けん

シュークリーム

小麦粉《こむぎこ》や卵《たまご》などでつくった皮《かわ》の中《なか》に、カスタードクリームなどを入《い》れたおかし。

語源 フランス語《ご》の「シュー・ア・ラ・クレーム」が変化《へんか》したことば。「シュー」はキャベツのことで、そのまま日本語《にほんご》にすると「クリーム入りキャベツ」になる。形《かたち》がキャベツに似《に》ていることからこの名前《なまえ》がついた。

使い方 シュークリーム屋《や》さんの前《まえ》を通《とお》ると、いつもあまいにおいがする。

キャベツのようだ。

パフェ

ガラスの器《うつわ》に、アイスクリームや果実《かじつ》を盛《も》り、かざりつけしたデザート。

語源 英語《えいご》で「かんぺき」という意味《いみ》の「パーフェクト」が変化したことば。子《こ》どもや女《おんな》の人《ひと》が好《す》きなものがかんぺきにそろったデザートということで、名《な》づけられた。

使い方 いちごパフェとチョコレートパフェ、どちらもおいしそう。

パーフェクト!

ピーマン

とうがらしの仲間《なかま》の植物《しょくぶつ》。

語源 フランス語《ご》でとうがらしを意味《いみ》する「ピマン」から。ピーマンのことは「ポワブロ」という。

使い方 わたしの大好物《だいこうぶつ》は、ピーマンのいため物《もの》だ。

ピマン。
とうがらしのこと?

フラスコ

理科《りか》の実験《じっけん》などで使《つか》う、口《くち》が細《ほそ》くまるい形《かたち》をしたガラス製《せい》の容器《ようき》。

語源 「フラスコ」はポルトガル語で「首長《くびなが》の水差《みずさ》し」をさすことば。室町時代《むろまちじだい》に日本《にっぽん》に伝《つた》わった。

使い方 フラスコを使って、理科の実験をした。

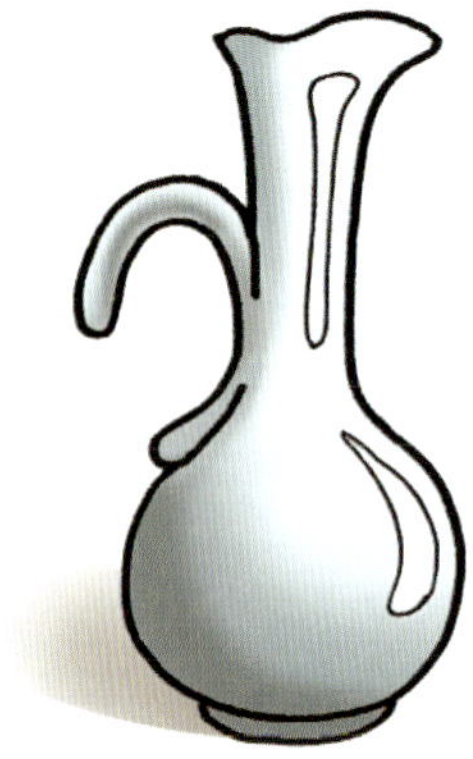

マラソン

陸上競技《りくじょうきょうぎ》の、長距離競走《ちょうきょりきょうそう》のこと。四二・一九五キロメートルを走《はし》る。

語源 今《いま》から二五〇〇年《ねん》くらい前《まえ》のマラトンの戦《たたか》いで、ギリシア軍《ぐん》の兵士《へいし》が、味方《みかた》の勝利《しょうり》を伝《つた》えるため、マラトンからアテネまでの四二・一九五キロを走り、息絶《いきた》えたという故事《こじ》から。マラトンを英語《えいご》で発音《はつおん》するとマラソンになる。

使い方 アテネオリンピックの女子《じょし》マラソンでの、野口選手《のぐちせんしゅ》の走りはすばらしかった。

ランドセル

小学生《しょうがくせい》が通学用《つうがくよう》に持《も》って行《い》くかばん。

語源 オランダ語で背中《せなか》にせおうかばんを意味《いみ》する「ランセル」が変化《へんか》したことば。昔《むかし》は、軍隊《ぐんたい》の人《ひと》が持つかばんをいったが、明治時代《めいじじだい》に通学用のランドセルができてからは、小学生のかばんのほうが有名《ゆうめい》になった。

使い方 入学《にゅうがく》したときに買《か》ってもらったランドセルには、六年間《ろくねんかん》の大切《たいせつ》な思《おも》い出《で》がいっぱいつまっている。

リレー

ある決《き》まったきょりを数人《すうにん》で一組《ひとくみ》になり、次《つぎ》つぎに引《ひ》きついで行《おこな》う競走《きょうそう》や競泳《きょうえい》。

語源 古代《こだい》フランスの狩猟《しゅりょう》のことば。猟師《りょうし》がうち落《お》とした鳥《とり》を犬《いぬ》にとりに行《い》かせるさいに、最初《さいしょ》の犬がつかれたときに交代《こうたい》させるための犬を「リレース」と呼《よ》んだことから。

使い方 投手《とうしゅ》リレーがうまくいって、相手打線《あいてだせん》をおさえこんだ。

ワイシャツ

男《おとこ》の人《ひと》の、えり付《つ》きで長《なが》そでのシャツ。

語源 「白《しろ》いシャツ」を意味《いみ》する英語《えいご》の「ホワイト・シャツ」が変化《へんか》したもの。ホワイトが日《に》本人《ほんじん》には「ワイ」と聞《き》こえたことから、「ワイシャツ」となった。今《いま》では白だけでなく、色《いろ》のついたものもある。

使い方 父《ちち》のワイシャツにアイロンをかける。

コラム

ケータイの語源《ごげん》って？

「このぬいぐるみ、超《ちょう》かわいい！」「このハンバーグ、超うまそう！」のように、「超〇〇〇」という言《い》い方《かた》が広《ひろ》まっているよね。ここでは、ことばの由来《ゆらい》が新《あたら》しい、現代語《げんだいご》のことばを見《み》てみよう！

ケータイ……小学生《しょうがくせい》のみんなは、まだ持《も》っていないかな？　ケータイは、携帯電《けいたいでん》話《わ》を略《りゃく》したことばとして広く使《つか》われているよ。

どたキャン……直前《ちょくぜん》になって急《きゅう》に約束《やくそく》を取《と》り消《け》すことをいうことばだね。これは、どたんばの「どた」と英語《えいご》の取《と》り消《け》し＝キャンセルの「キャン」をくっつけたものだよ。

ビミョー……漢字《かんじ》では「微妙《びみょう》」と書《か》くよ。美《うつく》しさとか味《あじ》わいが、ことばや文字《もじ》では表現《ひょうげん》できないくらい複雑《ふくざつ》な、という意味《いみ》だ。みんなは感情《かんじょう》や判断《はんだん》をはっきり示《しめ》さない、あいまいな表現をするのに使っているね。

ぶっちゃけ……「正直《しょうじき》に全部《ぜんぶ》話《はな》すと」というような意味だけど、みんなも使うかな？　もともとは「打《う》ち明《あ》けた話《はなし》」だったんだ。これが発音《はつおん》しやすく変化《へんか》し、短《みじか》くなって「ぶっちゃけ」となったんだね。

タクる……タクシーで行《い》くこと。「タクシー」と「行く」をくっつけたら、こうなったようなんだ。ついでに、「てくてく歩《ある》く」は「テクる」っていうんだって。

またね〜！

は〜い！
楽《たの》しかった？
語源《ごげん》って、
おもしろいよね！
また
会《あ》おうね！
バイバ〜イ！

語源のまんがは、ここまで！　たのしくおぼえることができたかい？

　みんなの中《なか》には、日本語《にほんご》の語源を勉強《べんきょう》したら、いつのまにか、「昔《むかし》の人《ひと》びとの生活《せいかつ》のようすもわかった！」なんていう人もいるんじゃないかな？

　日本語はずっと昔から、親《おや》から子《こ》へ、子から孫《まご》へと代々《だいだい》伝《つた》えられてきたことばなんだ。この本《ほん》でとりあげた以外《いがい》の語源も、まだまだたくさんあるんだよ。

　それでは、これからもことばの語源をたくさん見《み》つけて勉強していってね！

　がんばって！　応《おう》えんしているよ！

調《しら》べたいことばは見つかった？

みからでたさび／
身から出た錆 …………140
みずかけろん／水掛け論 …49
みっともない ………………76
みやげ／土産 ………………66
みらい／未来 ……………212

む

むこうずね／向こう脛 ……59
むしかえす／蒸し返す ……22
むつかしい …………………115
むねをかりる／
胸を借りる ……………178

め

めからうろこがおちる／
目から鱗が落ちる ……213
めじろおし／目白押し ……94
めでたし ……………………115
めやす／目安 ……………122
めりはり ……………………159

も

もじことば／文字詞 ………51
もしもし ……………………101
もとのもくあみ／
元の木阿弥 ………………58
もともこもない／
元も子もない ……………29
もなか／最中…………23・94
もぬけのから／蛻の殻 ……95
もんじゃやき／
もんじゃ焼き …………161

や

やおちょう／八百長 ………58
やがて ……………………115
やきゅう／野球 …………218
やさしい／優しい …………70
やばい ………………………41
やまをかける／山をかける 40

びわこ／琵琶湖 ……………65
ピンからキリまで …………48

ふ

ファイト ………………224
ふうきり／封切り ………174
ふくじんづけ／福神漬け …23
ふしぎ／不思議 …………211
ふじびたい／富士額 ………93
ぶたにしんじゅ／
豚に真珠 ………………213
ぶっちゃけ ………………241
ふりだしにもどる／
振り出しに戻る …………49
ふろしき／風呂敷 …………40

へ

へそをまげる／
へそを曲げる …………123
へたのよこずき／
下手の横好き …………123
べんけいのなきどころ／
弁慶の泣き所 ……………59

ほ

ほうちょう／庖丁 …………57
ぼく／僕 …………………75
ほら／法螺 ………………212
ほらがとうげ／洞ヶ峠 ……64
ほん／本 …………………75

ま

まがぬける／間が抜ける 146
まとをいる／的を射る …127
まぶしい／眩しい …………76
まぶた／瞼 ………………59
まもる ……………………115
まゆつばもの／眉唾物 …114
マラソン ………………239

み

みえをきる／見得を切る 158
みかた／味方 ……………139

に

におうだち／仁王立ち …210
にのまい／二の舞 ………157
にんき／人気 ……………210
にんにく／大蒜 …………102

ぬ

ぬきうち／抜き打ち ……184
ぬれぎぬ／濡れ衣 ………114

ね

ねこばば／猫糞 ……………92

の

のきなみ／軒並み …………21
ののしる ……………………77

は

はいけい／背景 …………223
バイブル …………………213
はし／箸 ……………………93
はず／筈 …………………138
はたけ／畑 ………………185
はで／派手 ………………157
はなみち／花道 …………158
パフェ ……………………237
はめをはずす／
羽目を外す ……………139

ひ

ピーマン …………………238
ぴかいち／ぴかー …………48
ひっぱりだこ／
引っ張り凧 ……………122
ひとしお／一入 ……………39
ひとはだぬぐ／一肌脱ぐ …22
ひとりずもう／独り相撲 184
ひのくるま／火の車 ……211
ビミョー／微妙 …………241
ひもじい ……………………51
ひやかす／冷やかす ………39

て

ていきゅう／庭球 ………222
ていねい／丁寧 …………155
てぐすねひく／
手ぐすね引く …………137
てこずる／梃子摺る ………27
てしおにかける／
手塩に掛ける ……………20
てだまにとる／手玉に取る 47
でたらめ ……………………42
てんぐ／天狗 ……………113
てんてこまい／
てんてこ舞い …………155
てんのうざん／天王山 ……64
てんぷら …………………141
でんわ／電話 ……………214

と

どうぐ／道具 ……………209
とうげ／峠 ………………185
どうとんぼり／道頓堀 ……65
どたキャン ………………241
どたんば／土壇場 ………121
とどのつまり ………………91
トナカイ …………………141
とらのまき／虎の巻 ……137
どんちゃんさわぎ／
どんちゃん騒ぎ ……156
とんちんかん ………………92
どんでんがえし／
どんでん返し …………156
どんぶりかんじょう／
丼勘定 ……………………38
とんや／問屋 ……………121

な

ないしょ／内緒 …………209
なかなか ……………………77
なぎ／凪 …………………185
なっとう／納豆 ……………23
ななつどうぐ／七つ道具 138
なわばり／縄張り …………21

せつじょく／雪辱 ………123
せともの／瀬戸物 …………63
せんだい／仙台 ……………65
せんて／先手 ……………173
せんべい／煎餅 ……23・161
せんれい／洗礼 …………213

そ

ぞくご／俗語 ………………41
そりがあわない／
反りが合わない ………136

た

だいごみ／醍醐味 ………207
たいしゅう／大衆 ………208
だいなし／台無し ………208
たかねのはな／
高嶺（根）の花 ……………90
たかびしゃにでる／
高飛車に出る …………173
たくあん／沢庵 ……………56
タクる ……………………241
だこう／蛇行 ………………96
たっきゅう／卓球 ………222
だて／伊達 …………………57
たぬきねいり／狸寝入り …96
だめ／駄目 ………………175
だめおし／駄目押し ……174
たらいまわし／
盥回し …………………153
だんどり／段取り ………154

ち

ちまた／巷 …………………91
ちゃばん／茶番 …………154

つ

つくね ……………………161
つじつま／辻褄 ……………20
つとめて ……………………77
つみれ ……………………161

し

しきいがたかい／
敷居が高い ……………………14
ししゃも ……………………141
じだんだ／地団駄 …………38
しつけ／躾 ………………185
しっぺがえし／
しっぺ返し ………………204
しっぽう／七宝 …………205
してんのう／四天王 ……205
しのぎをけずる／
鎬を削る ………………134
じみち／地道 ……………134
しゃかい／社会 …………221
じゃがいも／じゃが芋 …236
しゃぼんだま／
シャボン玉 ……………236
しゃもじ／杓文字 …………51
シュークリーム …………237
しゅうさい／秀才 ………116
ジュゴン ……………………141
しゅっせ／出世 …………195
しゅっちょう／出張 ……135
しょうねんば／正念場 …206
じょうひん／上品 ………206
じょせいご／女性語 ………50
じょのくち／序の口 ……183
しらかわよふね／
白河（川）夜船 ……………63
しらはのやがたつ／
白羽の矢が立つ ………113
しろつめくさ／白詰草 …102
しんせつ／親切 …………123

す

すし／鮨 ……………………90
ずにのる／図に乗る ……123
ずぼし／図星 ……………135

せ

セイウチ ……………………141
せいぞろい／勢揃い ……136
せけん／世間 ……………207
せこい ………………………41

グレープフルーツ ………234
くろぼし／黒星 …………182
くろまく／黒幕 …………151
くわばらくわばら ………112
ぐんばいがあがる／
軍配が上がる …………183

け

けいざい／経済 …………221
ケータイ／携帯 …………241
けぎらい／毛嫌い …………88
けたがちがう／桁が違う …36
けっきょく／結局 ………172
けんか／喧嘩 ……………112
げんかん／玄関 …………203

こ

合コン …………………………41
ごえもんぶろ／
五右衛門風呂 ……………56
ごかく／互角 ………………88
こくじ／国字 ……………185
ごちそう ……………………19
ごぼうぬき／ごぼう抜き …89
ごまをする／胡麻を擂る …89
ごめんなさい／
御免なさい ……………100
こんにちは／今日は ……100

さ

さきがけ／先駆け ………124
さげすむ／蔑む ……………36
さじかげん／匙加減 ………37
さしがね／差し金 ………152
さしみ／刺身 ……………160
ざっくばらん ………………81
さつまいも／薩摩芋 ………60
さばをよむ／鯖を読む ……37
サボる ……………………234
さようなら ………………101
サラリーマン ……………235
さわり／触り ……………152
サンドイッチ ……………235
ざんまい／三昧 …………204
さんまいめ／三枚目 ……153

おやこどん／親子丼 ……160
オランウータン …141・232
おりがみつき／
折り紙付き ……………120
おんどをとる／
音頭を取る ……………151

か

カーディガン ……………232
かけひき／駆け引き ……132
かし／樫 …………………185
かずのこ／数の子 ………160
かたすかし／肩透かし …182
かたち ……………………115
かっとう／葛藤 …………87
がてん／合点 ……………172
かぼちゃ／南瓜 …………233
がまん／我慢 ……………193
カラオケ …………………233
からだ／体 ………………59
かわきり／皮切り ………35
かわざんよう／皮算用 ……35
カンニング ………………224
がんもどき／雁もどき ……87
かんろく／貫禄 …………120

き

キザ ………………………175
きちょうめん／几帳面 ……18
きなこ／黄粉 ……………160
きぬごしどうふ／
絹ごし豆腐 ……………175
キャラメル ………………141
きゅうり／胡瓜 …………102
きりかえす／切り返す …133
きりもり／切り盛り ………19
ぎんこう／銀行 …………220

く

くしゃみ …………………111
くすりゆび／薬指 …………59
ぐち／愚痴 ………………203
くちびる／唇 ……………59
くちびをきる／
口火を切る ……………133

うりざねがお／瓜実顔 ……96
うりふたつ／瓜二つ ………85

え

えくぼ ……………………59
えしゃく／会釈 …………200
えりをただす／襟を正す …17
えんまがお／閻魔顔 ……201

お

おいしい …………………50
おいてきぼり／
置いてきぼり …………104
おうてをかける／
王手をかける …………166
おうよう／応用 …………201
おおあたり／大当たり …149
オーケー／OK ……………231
おおげさ／大袈裟 ………34
おおづめ／大詰め ………150
おおわらわ／大童 ………131
おかき ……………………51
おかず ……………………51
おけら ……………………85
おこがましい／
烏滸がましい …………62
おさがり／お下がり ……202
おしどり／鴛鴦 …………86
おじや ……………………51
おじゃん …………………86
おすそわけ／お裾分け ……18
おちど／落ち度 …………119
おっくう／億劫 …………202
オットセイ ………………141
おでん ……………………50
おとぎばなし／お伽噺 …119
おとなし …………………77
おに／鬼 …………………111
おばけ／お化け …………186
おはこ／十八番 …………150
おはよう／お早う ………99
おひや／お冷や …………51
おひらき／お開き ………132
おまけ ……………………34
おもしろい／面白い ………74
おもちゃ／玩具 …………47

アンカー …………………231
あんしん／安心 …………199

い

イクラ ……………………141
いさみあし／勇み足 ……181
いそぎ ………………………77
いただきます／
頂（戴）きます ……………99
いたちごっこ ………………46
いたにつく／板に付く …142
いちだいじ／一大事 ……199
いちまつもよう／市松模様 55
いちもくおく／一目置く 162
いちやづけ／一夜漬け ……12
いっかんのおわり／
一巻の終わり …………171
いっせきにちょう／
一石二鳥 ………………220
いっちょうら／一張羅 ……16
いっぽんとる／一本取る 176
いっぽんやり／一本槍 …130
いとめをつけない／
糸目を付けない …………46
いびつ／歪 …………………16
いもづるしき／芋蔓式 ……96
いよかん／伊予柑 ………102
いわし／鰯 ………………185
いんげんまめ／隠元豆 ……55
いんご／隠語 ………………41

う

うだつがあがらない／
梲が上がらない …………17
うちあわせ／打ち合わせ 149
うちべんけい／内弁慶 ……52
うちょうてん／有頂天 …200
うつくし …………………115
うってつけ／打って付け …33
うなぎのぼり／鰻登り ……84
うのみ／鵜呑み ……………78
うのめたかのめ／
鵜の目鷹の目 ……………84
うまがあう／馬が合う …130
うらづけ／裏付け …………33
うらをかく／裏をかく …131

さくいん

さくいんは、この本《ほん》にのっている大事《だいじ》なことばを、
すぐにさがし出《だ》せるようにしたものだよ。
ことばをあいうえお順《じゅん》（五十音《ごじゅうおん》の順《じゅん》）にならべ、
ページ数《すう》を記《しる》してあるので、
そのことばが出《で》ているところを調《しら》べられるよ。

あ

あいきょう／
　愛嬌・愛敬 ……………197
あいさつ／挨拶 …………197
あいづち／相槌 ……………24
あいぼう／相棒 ……………32
あかぬける／垢抜ける ……73
あかんべ ……………………73
あきす／空き巣 ……………41
アキレスけん／
　アキレス腱 ……………226
あげあしをとる／
　揚げ足を取る …………181
あげく／揚げ句・挙げ句 171
あこぎ／阿漕 ………………62
あさがお／朝顔 …………102
あした ………………………77
あたらし ……………………77
あたりまえ／当たり前 ……32
あっけない／呆気ない ……74
あとのまつり／後の祭り 198
あみだくじ／阿弥陀くじ 198
アメ横 ………………………65
あやし ………………………77
ありがとう／有り難う ……97
アルバイト ………………224

この本をつくった人

●監修
金田一春彦

●装丁
長谷川由美

●表紙・カバーイラスト
いぢちひろゆき

●レイアウト・デザイン
㈱イーメディア
上坂智子

●まんが
㈱イーメディア
早坂のり子

●まんが制作協力
山口みすず

●編集制作
㈱イーメディア

●印刷
図書印刷株式会社

●編集総括
市川俊男

●編集
鈴木かおり

●制作管理
近藤　肇

参考文献

■日本語語源辞典　（学研　辞典編集部編）
■日本語知識辞典　（学研　辞典編集部編）
■続・日本語知識辞典　（学研　辞典編集部編）

■いい日本語を忘れていませんか―使い方と、その語源　（金田一 春彦 著・講談社）
■ふしぎびっくり語源博物館　1～5　（江川清 著・ほるぷ出版）
■この言葉の語源を言えますか？　（日本語倶楽部 編著 ・河出書房新社）

小学生の まんが語源辞典

2004年11月9日　初版発行

発行人　東樹正明
印刷　図書印刷株式会社

発行所　株式会社 学習研究社
〒145-8502 東京都大田区上池台4-40-5

★この本に関するお問い合わせは、下記あてにお願い致します。
●文書は、〒146-8502　東京都大田区仲池上1-17-15
学研お客様センター
「小学生のまんが語源辞典」係
●お電話は、内容について…（03）3726-8373（編集部直通）
在庫・不良品に関して…（03）3726-8154（出版営業部）
その他…（03）3726-8124（学研お客様センター）
★学研の辞典に関する情報は…
http://www.gakken.co.jp/jiten

Printed in Japan